「ていねいなまなざし」でみる乳幼児保育

東京家政大学ナースリールーム
井桁 容子 著

東京大学大学院教育学研究科教授
汐見稔幸 解説

CONTENTS

はじめに	保育者の感性と人としてのマナー	4
第1章	あそびへのまなざし	7
	なげる・ころがす・まわす	8
	1歳の水博士	15
	水と光、そして、子どもと大人	23
第2章	かかわりへのまなざし	39
	2歳の保育者	40

取りっこドラマ	49
むずかしいなぞなぞ	52
洪水になったらどうしよう！	53
パーティーにご招待	54
信じる心	56
ママをぺしっ！	58
なおった！？	60
はと時計がぶきゃ〜っと鳴いた!?	63
つまみ食いの誘惑といたずら	64
あ〜こりゃこりゃ	67
金メダルあげる！	68
ドラえもんはだれ？	70
保育のプロとは？	72
みんなが持ってる宝物　まとめにかえて	74
あとがき	75
解説　●汐見稔幸（東京大学大学院教育学研究科教授）	76

はじめに
保育者の感性と人としてのマナー

一人あそびに熱中している滉太くん（11か月）。
そこにあらわれた担当の香織先生は、どんな対応をするのでしょう？

朝、まだ誰もいない保育室。
早番で来た滉太くんは、真っ先に
おもちゃの棚へ向かいました。

滉太くんなりに物色しているようで、
棚にあるもの全部は落としません。

先ほどカーペットに落とした
パズルボックスのふたの四角形のところに、
キューブのおもちゃを入れて、
前に座っていた保育者を見てにっこり。
偶然？　すごい！！

入り口のほうから誰かが入ってきた
気配に目を向けた滉太くん。
表情がぱっとほころびました。
担当の香織先生が入ってきたのです。

おもむろに這いはじめ…

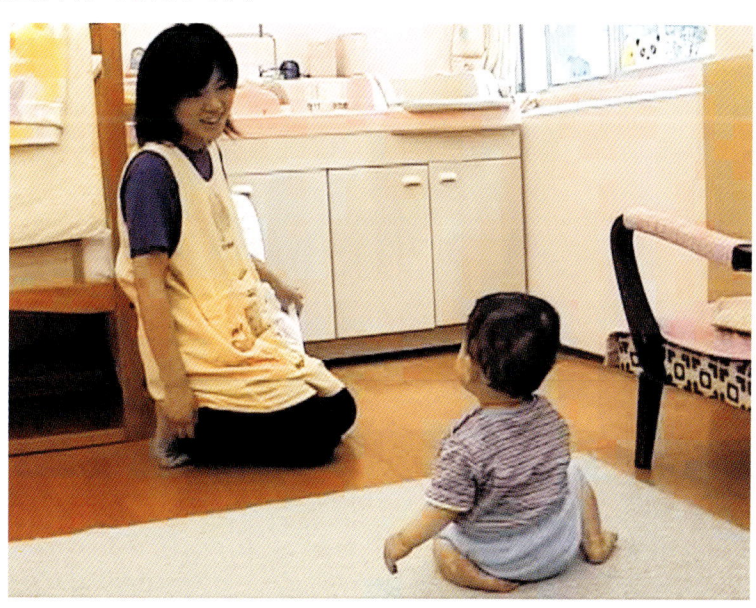

香織先生の近くで一度止まり、
「滉ちゃんおはよう」と
言われてにっこり。

自分から香織先生に抱かれに…

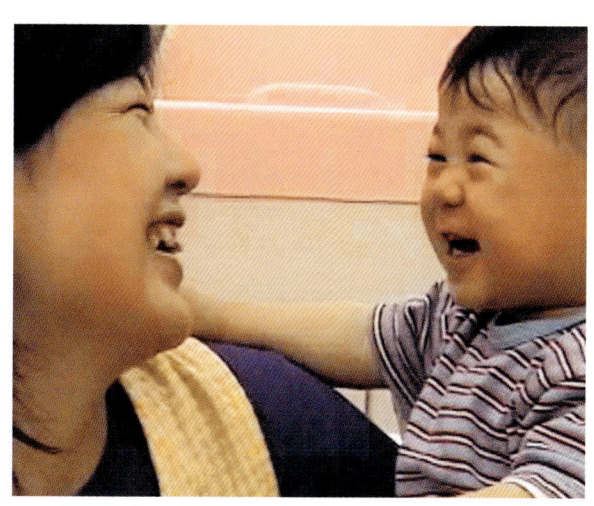

なんともうれしそうな滉太くんの笑顔が、
保育者への愛着を物語っています。

経験の長さ＝豊かな保育ではない

　香織先生は、保育室に入ってきたとき、滉太くんが自分のあそびを楽しんでいることを察し、邪魔をしないよう、すぐには声をかけませんでした。でも、滉太くんの方から気づいて、自分の意思で香織先生のもとへ向かいました。香織先生は、滉太くんが近づいてくるのをその場で静かに待ち、自分に抱かれるために来たと判断できたときにはじめて、滉太くんの気持ちも身体もしっかりと笑顔で受け止めたのです。ほんの一瞬のことですが、保育者としての感性の見事さに感心させられました。彼女はまだ保育者歴2年目です。

　子どもがあそんでいるときということだけでなく、誰かが熱心に何かをしているときに、自分の気持ちだけで接することなく、相手が何をしているのか、何をしようとしているのか…を見極め、それを尊重したタイミングで対応をするということ。それは、保育者だからではなく、人としてのごく自然なマナーともいえます。このとき香織先生は、滉太くんに対して「赤ちゃんだから…」という気持ちはなく、熱心に楽しんでいる雰囲気を壊すまいという配慮と、滉太くん本人の意思を重視したということです。

　経験の長さだけが良い保育、豊かな保育につながるのではなく、やはり保育には、人としての感性や人柄が重要といえるでしょう。

安心と信頼感があってこそ

　保育室、保育園は子どもにとってどのようなところでしょうか？　お母さんやお父さんが仕事が終わるまでお迎えを待つところ？　いいえ、ちがいます。

　自分のありのままが受け止められて、自分らしさに磨きをかけることを保障してくれる優しい大人に支えられ、成長する喜びや人とのかかわりの楽しさ、生きることのおもしろさを仲間とともに共有できるところです。

　保育者に抱かれた滉太くんの表情は、保育者、つまり安心して自分を表現し、それを受け止めてくれる人に今日も会えた喜びと安心の顔です。子どもは、自分の思いを自分に合ったペースで表現することを、待ってくれる人を信頼するのです。この安心と信頼感があってこそ、豊かなあそび、豊かな育ちが保障されるのです。

こぼしていた宝物

　最近のビデオカメラは、顔に密着させず手に持ったままの状態で撮影できるので、赤ちゃんと目を合わせ、対話しながら自然な様子を撮ることができるようになり、保育の記録がしやすくなりました。

　保育は、常に時間の流れの中にあり、そのつど全てのことを記憶にとどめておくことは不可能です。そのために、子どもたちからのたくさんの発信を見逃してしまうことも多く、また自分自身の保育を見つめ直すきっかけが他者からの指摘しかなく、なかなか内省することが難しいものです。しかしこのように繰り返しビデオを観ることによって、自分が知らずしらずこぼしていた宝物のような一瞬を、たくさん拾い集めることができました。「よかった！」と安堵すると同時に、ビデオに収めてない日々の落ちこぼした分を考えると、子どもたちへの申し訳なさで身の縮む思いです。

第1章 あそびへのまなざし

なげる・ころがす・まわす
11か月児驚きの集中力

赤ちゃんがものをくり返し投げる光景、よく目にしませんか？
なぜそのようなあそびに夢中になるのかが知りたくて、
観察をはじめました。

赤ちゃんが、目で見たものに手を伸ばし、つかめるようになる（目と手の協応）と、次は意識して手放したり、左右に持ちかえたりできるようになります。そして、その次には、投げることを楽しみはじめます。

でも大人は、つかむことや持ちかえることまでは成長として喜びますが、ものを投げはじめたとたん、いけないことと捉えて、やめさせようとすることが多いようです。ところが、この赤ちゃんがものを投げるあそびには、とてもおもしろい発見があるのです。

香織先生がさりげなく
お気に入りの缶を出して
くれたことに気づいて…

滉太くんが使いやすいように
ふたをずらしてありました。
さりげない配慮。

中身ではなく
入れものの缶が目的！

床にカンカンと数回軽く
打ちつけたあと投げます。

今度は手首をつかって
上向きにして投げます。

次は後ろ側に！

本体がまだ
動いているうちに、
今度はふたを！

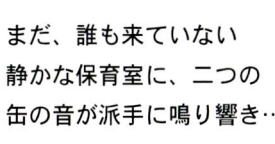

まだ、誰も来ていない
静かな保育室に、二つの
缶の音が派手に鳴り響き…

「投げる」からの発見

　残念ながら、11か月の滉太くん自身が空き缶あそびのレポートはできませんので、一緒に時間を共有した私が、滉太くんが気づいたであろうことを読み取って報告しますと…
・空き缶はおもしろい
・缶にはちがう面（裏と表）がある
・ふたと本体は投げたときの音がちがう
・投げ方によって、ぐる～っと大きく回って戻ってきたり、クルクル回ったり。止まるまでの音と動きにいろいろな変化がある
・本体は置き方によっては立ち、指をうまく使うと転がすことができる

　この他にも、缶の本体を投げたときに、それほど強く投げてはいないのに、軽やかにはね上がって偶然立ったこともしっかり目で追っていました。

手首の使い方から、ふたも本体も裏と表を意図的に交互に投げていることに気づき、びっくり！
11か月とは思えない滉太くんのみごとな手技。

投げておもしろいものとは

　投げておもしろいもの…というと、すぐにボールをイメージしますが、"ボールは転がって遠くへ行ってしまう、転がる様子の変化が少ない"というようなことがあってか、赤ちゃんがボールで長くあそぶことはあまり見られません。ところが、浅くて平たいプラスチックカップを手放したときに、意外な動きがおもしろくて、赤ちゃんが繰り返し投げてはその転がりをじっと見るということは、保育をしていて何度も目にしていました。向こうへ転がったと思ったら、くるくるまわって自分の方に戻ってきたり、回転が止まりかけるときには、カタカタカタカタッ！　と左右に振動してからピタリと動かなくなったり…。一緒に見ている大人でも、「もう1回やってみて」と言いたくなるくらい毎回ちがったおもしろい動きに好奇心がそそられます。

　実は、滉太くんは生後9か月からこのおもしろさに気づき、なんと3か月間、つまり11か月になるまでほぼ毎日のように、家庭でもナースリールームでも空き缶を投げてあそび続けたのです。かなり凝り性タイプの赤ちゃんです。

やっぱり滉太くんも、あそびが盛り上がってくると、幾度となく側にいる保育者を見て笑いかけ、共感を求めます。
「おもしろいねえ！」と言う保育者の言葉が、充電器の役割になって、さらにあそびが続きます。

床から拾い上げるときの持ち方もいろいろ。

どういうタイミングだったのか、床に落とした缶がはずんで立ちました！

不思議そうに目で追います。

意識的に缶を立てて指先で転がそうとします。

缶を立った状態でつかみ、そのまま床にそっと置きます。

指の形を見ると意図的に立てたことがわかります。

立てたまま転がしました！おみごと!!

ふたを表にしてカラカラカラ

裏にしてカラカラカラカタン

再び表…

"背後に、立ったままの本体がある"
ということが意識の中にあったようで、
うまいぐあいに振り返りました。

〝こんなふうに置くと立つ〞
とわかり…

意図的に何度も立たせます。

〝そうだ、味見がまだだった〞

満足したのか、缶から離れました。
あそびはじめてから15分経過。
毎回だいたいこのくらいの時間で
終わりに。15分の間、数えてみた
ら80回以上缶を投げてはその様子
を毎回楽しんでいました。

いたずらが発見のきっかけ

　以前、水あそびの様子をビデオ撮影していたときに、一人だけ砂あそびをしていた大河くん（1歳11か月）にカメラを向けると、偶然おもしろいシーンが撮れました。それが、上の写真です。彼は、自分で自由に移動ができるようになったとき、つまり這い這いのときから、毎日おもちゃの棚のものを全部床に落とすあそびを繰り返していました。そんなある日、自分が床に落としたプラスチックの輪がおもしろい転がり方をしたことに気づいたのです。それ以来、「さっきみたいにならないかなあ…」というように、おもちゃを棚から落としてはその様子を見るようになり、ついには丸い形のものを手にすると、写真のように転がそうとするようになりました。

　また、食事のときに、よく赤ちゃんがスプーンを床に投げて大人を困らせることがありますね。私は、実はあれも赤ちゃんの「投げる」研究の一つだと思っています。空き缶や輪のように意外な転がりはしませんが、大人の反応がいろいろでおもしろいからだと思います。

好きなあそびの中にその子らしさ

　赤ちゃんが熱心にあそんでいる様子を一人ひとりていねいに観察してみると、必ずといっていいほど、その子なりの感性でおもしろさを発見していることに気づかされます。それは、ハンカチだったり、1本の紐だったりと、さまざまです。お気に入りのあそびをしているその瞬間が、その子らしさの現れるときといえます。だから、乳児期に大人側から、どの子にも同じあそび方を強いることは、その子らしさ、つまり個性を無視した保育をしている、ということになってしまいます。

　あそびが心を豊かにするのは、楽しくて心地よいからです。強制や制限つきのあそびは、赤ちゃんにとっては、自分の思いを踏みにじられた不快感と、大人に対する無力感しか残らないのです。しかしそれは、全てのことをやりたい放題にさせるということとはちがいます。

楽しみを理解し、共感したかった

　この事例は、空き缶が赤ちゃんのおもちゃに適しているということを伝えるものではありません。そしてこのあそびを子どもたちみんなにさせましょうという提案でもないのです。子どもが繰り返し楽しんでいることに対して、何がそんなにおもしろいのか？ どうしてそんなに長く集中できるのか？ を知りたくなったことから、残った記録なのです。

1歳の水博士

大貴くん（1歳8か月）は水あそびが大好き！
そんな彼の"水研究"に、
今日はとことん付き合ってみることに。

子どもの力を信じたい

　自分の思いのままに歩ける1歳後半の頃になると、手を洗いに行ったはずなのに水道に張りついたまま水あそびになってしまい、なかなか離れなくて、大人を悩ますことがあります。「もうおしまいよ！」と力で止めてしまうことは簡単で、よくあることです。でも、本当に1歳の子どもは、大人が止めないと限界がわからないのでしょうか？　長い間乳児保育にかかわってきた経験から私は、もう少し子どもの力を信じてもいいのではないかなあと感じていました。つまり、1歳の子どもでも「ちょっとやりすぎちゃったなあ」「そろそろ止めた方がいいかもしれないなあ」という感覚はもてるのではないか…と思っていたのです。

前世は魚？

　あるとき、前世は魚？　と思わせられるほど、水あそびが大好きな親子に出会いました。1年中、たとえ真冬でも毎週、海に家族4人で出かけるのです。そして雨がひどいときにはプールに。とにかく家族みんな、水が好きなのです。
　その家族の一員である1歳8か月の大貴くんは、家でもナースリールームでも、水道に張りつくとなかなか離れないタイプでした。毎週プールや海の水に触れていてもまだ、水あそびがしたいのです。「本当に尽きることのないおもしろさがあるのだろう。どうにかして止めさせよう…と頑張る前に、彼の楽しみに一度はじっくり付き合ってみよう」と考えました。

なるほど、おもしろい

　いつもは、水あそびがはじまったら「洋服がぬれるから…」「かぜをひくから…」と途中で止めることがほとんどでしたが、この日は、大貴くんの感性に任せてみようと決めました。すると、そのことを察したかのように、庭であそぶためにベランダに出た大貴くんが、水道に張りついてあそびはじめたのです。
　ジャーっという派手な水音とともに、大貴くんのケタケタという笑い声…。彼の手元に目を向けると、勢いよく出る水道の水に、中華料理のときに使うレンゲをかざしていました。
　大貴くんが指先でレンゲを持っているので、水の勢いで押され、自分の意志とは無関係にレンゲが上下に激しく揺れているのです。あまりにおもしろくて、しばらく見とれてしまいましたが、我にかえりあわててビデオを持ってきて、撮影を開始しました。
　レンゲの上下をしばらく楽しんだ後、今度はバケツに水を溜め、レンゲでかきまわしたり、わざとレンゲを手放して水の勢いでバケツの中を動く様子を見つめたり、水をすくって飲んでみたり、レンゲを裏返して水にかざしてみたり…と、大貴くんの水のはじきの研究がはじまりました。

水の勢いで泡ができているところを、
レンゲでかき混ぜています。

水にレンゲをかざすと
勢いよく水が周囲に
飛び散りました！

レンゲを持ち上げようと力を
入れると、水が自分の方に
ツルンと滑り出てきます。

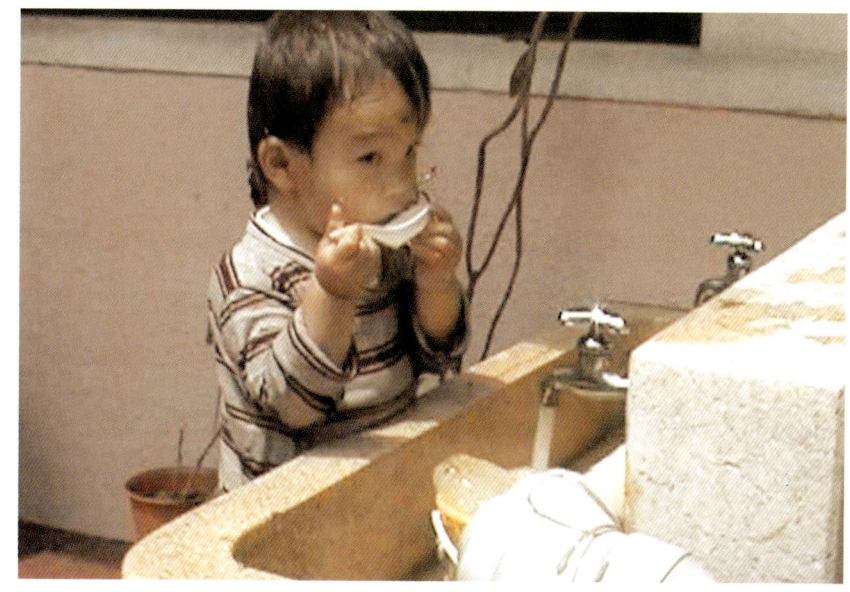

ちょっと味見を…

両手のひらで
水の勢いを感じています。

レンゲを意図的に裏返しに
した後、水にかざします。
表のときとはまるでちがう水しぶき…

背後にあった
おもちゃかごの中から
今度はバケツを取って…

意図的に斜めに構えて水を入れます。

バケツを意図的に裏返し。

何をするつもり…？

なんとバケツの縁に
水を当てて水のはじけ方を
見ていました。

今度は横に寝かせて…

水の落ちてくる真下に
なるように手で調整。

ふぅ〜

バケツがうまい具合に水の真下で止められると、ふう〜とため息をついて我にかえったように自分の洋服に目を落としました。しみじみ自分の洋服を見たあと、側にいた私のところにやってきたのです。
「びしょびしょになっちゃったねえ…、着替える？」とたずねると、こくりとうなずいた大貴くんでした。夢中であそんでいるときには気づかないということは大人も同じです。やはり、1歳8か月でも気持ちに余裕があれば、自分の状態に気づけるのだと大貴くんが証明してくれた瞬間でした。

大貴くんは着替えてくると再び同じ場所に。
今度は、茶碗を水にかざして水のはじきを楽しみはじめました。
おもしろい！　と思うようなことがあるたびに、側にいる私を振り返って笑います。
「すごいねえ」と感心すると満足そうにあそびを続けます。

水の勢いが強いと、茶碗の向きで
水が丸く立ち上がったり、
へびのようにするりと手前に
出てきたり…

水の勢いを調節しようとしますが、
うまくいかず…

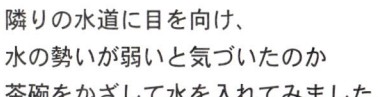
隣りの水道に目を向け、
水の勢いが弱いと気づいたのか
茶碗をかざして水を入れてみました。

茶碗の向きを向こう側にすると
おもしろいように前に水が飛んでいくので、
にんまりと笑います。

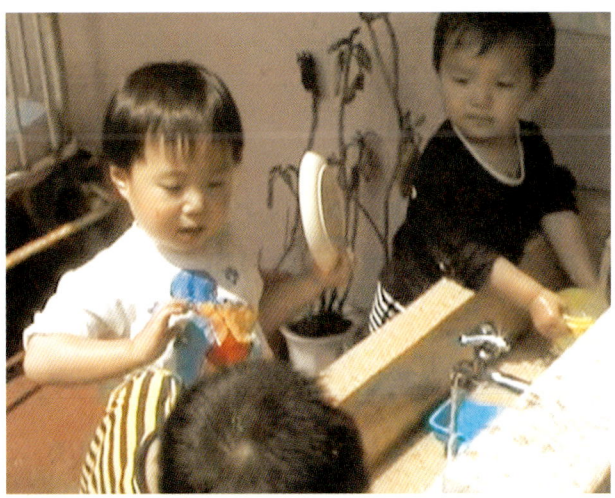

隣りでけんかがはじまり、
目を向けます。

泣いている子を心配そうに見ています。

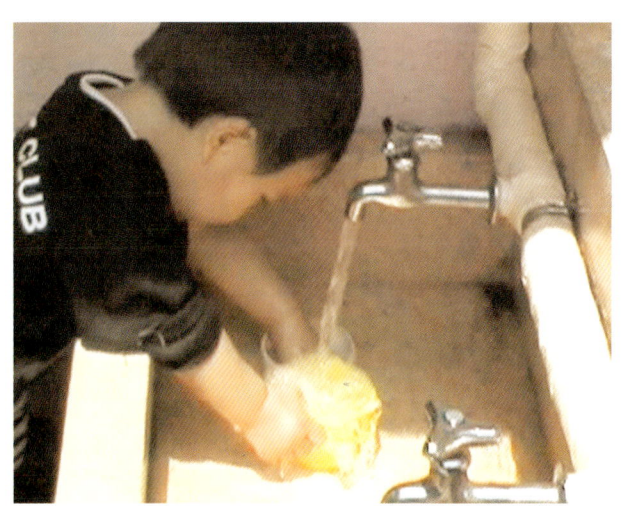

自分のあそびに戻るが、そろそろやり
尽くした感があるのか、身体の緊張が
なくなり手の動きも散漫…

信じてよかった！

　大貴くんはぶるっと身震いをしたかと思うと、自分から水道を離れて無言で私の前に立ちました。これで、二度目の自己申告です。「お洋服冷たいねえ…お着替えする？」と声をかけると、またこっくりうなずいたのでした。

　子どもの育ちはその日一日だけで完結するものではありません。今日の体験が明日以降の生活につながっていくのです。あのとき私が止めてしまっていたら、彼は何を明日につなげたでしょうか？　おそらく、自分のあそびや楽しみに共感してもらえなかった不満感と、一方的に自分の考え方を押しつけてくる保育者への不信感を明日へつなげたことでしょう。心の底から、大貴くんを信じてよかった！　と思いました。

実感することの大切さ

　ここで大貴くんが証明してくれたように、1歳児でも自分の状態に自ら気づいて、援助を求めることができました。だから毎回ここまでやらせるべきだ…と言いたいのではありません。ここまでやったことによって、満足感を全身で感じ、洋服が濡れる冷たさや不快さをも理屈抜きに実感することになり、そして、次のときに「今日は寒いからやめよう」という大人の言葉に耳を傾け、納得できることになると思うのです。実際にこの日の後は「今日はやめておこうね。また今度いっぱいやろうね」と話すと、受け入れてくれた大貴くんでした。

　つまり、自分の思いに共感し受け入れてくれた相手に対しての信頼感が、その人の思いや意見を受け入れる心を育むということなのだと思います。それに、思い切った楽しみは、ときどきだからこそおもしろくて解放感を味わえるものなのです。

大人のまなざしがあそびの栄養源

　もう一つ大事なことがあります。それは子どもが自分のあそびに没頭しているときにこそ、信頼する大人がそばにいることの大切さです。この水あそびをしている間、いくどとなく大貴くんは、そばにいる私を見て笑いかけました。「これってすごいでしょう？」「おもしろいよねえ」と共感を求めているのです。そのたびに「すごいねえ」「おもしろいねえ」と共感していることを伝えると、満足し、それがさらなる探究心の栄養源になるのです。

　幼い子どもたちにとって、大人の存在は困ったときだけに必要なのではなく、自分の喜びや楽しみに共感してもらうためにも重要なのです。それは、子どもがもっとも「自分は受け入れられた」という実感を得られる瞬間であり、自己肯定感に直結するからです。楽しいことこそ大好きな人と…という気持ちは大人と同じだと思います。

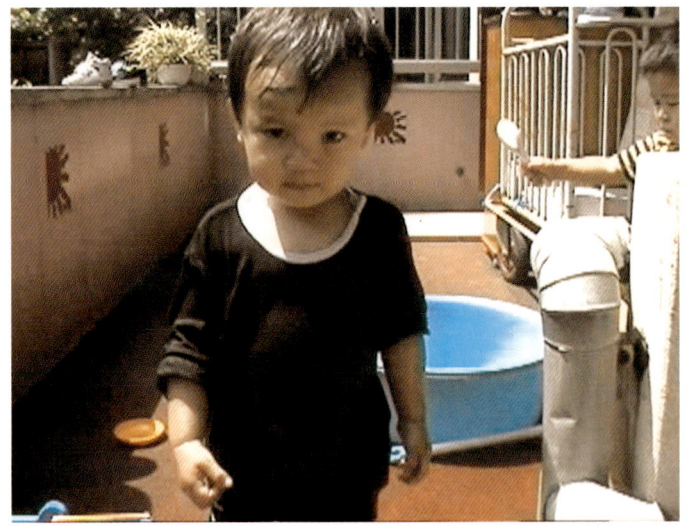

「お着替えする？」
「ん！」

水と光、そして、子どもと大人

2歳児と保育者の素敵な感性のコラボレーション

さわやかに晴れ渡ったある日。職員室にいた私に、「カメラを持って来て！」と2歳児担当の千春先生から声がかかり、いそいそと持って行くと、おもしろいあそびに出会いました。

ゆらゆらしてるよ！
おもしろいねえ…

水にも影があったのね。
あっ！花衣沙(かいさ)ちゃんの手!!

雨だあ！

　庭でペットボトルに水を入れてあそびはじめた結菜ちゃん（3歳）が、いたずらっぽく笑ったと思ったら、そばにいた千春先生（保育者歴9年）にその水をかけました。
「うわ〜雨だあ！　びしょぬれになっちゃう〜！　にげろ〜」と走りはじめた千春先生。結菜ちゃんは、ますますうれしそうに、そして得意気に、逃げる千春先生を追いかけはじめました。すると、そのことに気づいた太一くん（3歳）や秀悟くん（3歳2か月）、花衣沙ちゃん（2歳9か月）、智紀くん（2歳6か月）までが加わり、みんなでペットボトルを持って、千春先生を追いかけはじめました。
　千春先生は、わざとみんなに追いつかれそうなスピードで「たすけて〜」と庭のあちこちを逃げ回りながら、側にいた実習生に「保育室から透明ビニールシートを持って来て」と指示しました。実習生が小走りでビニールシートを持ってくると、千春先生はそれを頭からかぶって「これなら大丈夫」と立ち止まり、子どもたちにたっぷり頭から水をかけられたのでした。みんなのペットボトルの水が空になると「ああ〜、すごい雨だった！」と言いながらビニールシートから出てきた千春先生。子どもたちはいたずらのしがい十分な千春先生の反応に、大満足。

思いがけないところに…

　使ったビニールシートを乾かすつもりで、千春先生は近くにあったシャトレーナに広げてかぶせました。すると、ペットボトルに新しい水を補充してきた結菜ちゃんが、その上から水をかけはじめたのです。シャトレーナの上には、直径60cmぐらいの穴があいているので、結菜ちゃんが入れた水の重みでビニールシートの真ん中がへこみ、小さく水が溜まりました。
「うわ〜おもしろいね、結菜ちゃん！　お池になったね。もっとお水入れてみて！」
「お魚もいるよ！　ほら」
と、葉っぱを浮かべてみせた千春先生は、またまた結菜ちゃんのあそびに感度よく応えました。そして、
「こっちの方がおひさまが当たってきれいかも…」
と、木陰に置いてあったシャトレーナを日の当たる場所まで移動しました。

キラキラ、ゆらゆら、本当にきれい！

　下からのぞくとどんなかしら？　と私。
　千春先生がシャトレーナの横の穴から中をのぞき、
「下から見てごらん！　すごくきれいだよ」
と感動しながら子どもたちを誘うと、結菜ちゃんが真っ先に入り、水の溜まっているところを見上げて、目をまん丸にして息をのんでいました。結菜ちゃんの後に、私もビデオカメラを持ったまま、シャトレーナの中に入って見上げてみると、きらきら光る水、そこに透き通るようなカタバミの若葉がゆらゆら浮かぶ様は本当に美しく、感動的でした。水溜まりを下から見上げた経験は、私もこのときが生まれてはじめてのことでした。

あ〜、いそがしい！
いそがしい！

おもい！
おもい！

よっこらしょ！
よっこらしょ！
っと…

じゃ〜

下からのぞいて
ごらん!!
すごくきれいだよ

ぐるぐる回すと
どうなるかな？

ほら！
お魚もいるよ

と木の葉を浮かべます。

お水が爆発だあ！

　私がシャトレーナの中から出るのを待ち構えていたかのように、再び結菜ちゃんが入りました。水が溜まっているビニールの底に手をあてて、タポタポと水を揺らした後、片手で押し上げ、ザザーッと水をこぼしてみせました。
「わ〜、お池が爆発だあ！」
と千春先生。みんなあふれ出る水がかからないように後ずさりしながらも、大喜びです。シートの水がこぼれ出てしまい、なくなると、
「よっこらしょ！　よっこらしょ！　おもい！　おもい！」
「先生、見てて！」
「あー、いそがしい！　いそがしい！」
とおどけた調子で言いながら、秀悟くんや太一くんがペットボトルで水を運びはじめ、みんなもまねて次々と運んで来ました。シートの上に水を入れ、ある程度溜まると、結菜ちゃんだけでなく、秀悟くんや太一くんも交替でシャトレーナの中に入り、水を押し上げてザザーッとこぼしては、
「お水が爆発だあ」
と、さっき千春先生が使った表現をすぐにまねて、嬉々として楽しんでいました。

うわ～っ!
お水が爆発だあ!!

ざざあ～!!

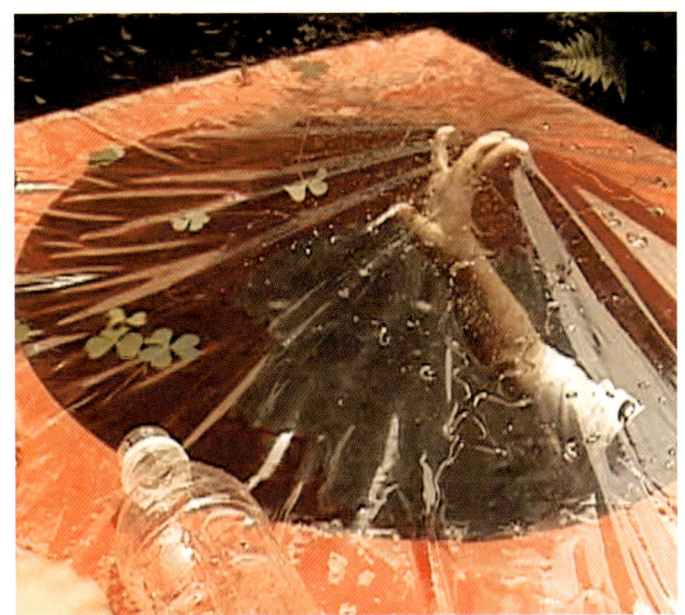

水をこぼしにシャトレーナの中に入る結菜ちゃんの様子をこっそりのぞいてみると、1回ごとに水のこぼし方を工夫していました。一度に押し上げないで、たぽたぽと揺らしてからゆっくりこぼしてみたり、水が溜まっている中央ではなくて、端の方を押してみたり…

片手だったり両手だったり…

楽しいあそび発見王の赤ちゃん時代は…

　考えてみると、いつも楽しいあそびの仕掛け人は、結菜ちゃんであることが多い、と気づきました。結菜ちゃんは、赤ちゃん時代とてもよく泣き、どちらかというと扱いのむずかしい赤ちゃんでした。登園してくる道がいつもとちがったり、保育室のおもちゃの位置が変わっただけでも、不安になって泣くことがあり、ときには泣いている理由がなかなかわからず、困ったこともありました。一度泣きはじめるとなかなかおさまらず、パニックのようになって、大人の言葉も耳に入らないようなこともしばしばでした。そのたびに、お母さんともよく話し合い、ナースリールームでも家庭でも、できるだけ結菜ちゃんが不安になりそうなことは避けて、納得できるようにていねいにかかわるようしてきました。

　そうしていくうちに3歳になって、自分の思いを言葉で伝えられるようになり、「○○したかったの」と相手に伝えることができるようになってくるにしたがって、「なるほどそんなことまで気がついて考えていたの…」と大人のほうが気づかされ、泣く理由に共感できるようになりました。そうして、訳のわからない泣きがなくなり、どんどん自信につながって自己発揮できるようになったのです。

　このような結菜ちゃんのこまやかな感受性がアンテナになって、いつもとちがうものをいち早く発見したり、こうするとどうなるのかな？　という工夫につながったりと、あそびの豊かさに生かされているのでしょう。結菜ちゃんと出会って3年目に気づいたことでした、答えを急がないていねいな保育の重要さを再確認しました。

うれしいエピソード

　ナースリールームを卒園して、4歳になった結菜ちゃんのお母さんから「うれしいできごとがあったので、先生聞いてください」と聞かされたエピソードです。

　最近は悪いことばも覚えて、その日は何度も何度も"ばか"と母に向かって言うので、はじめて本気で怒って、
「ちょっとここにすわりなさい！」
と言ったら、
「やだ！　だってすわったらママと同じ高さで話ができないじゃない！」
と言ったのです。
「なるほど…それならそのままで…」
と口ごもってしまいました。
　こんな立派な自己主張ができるようになって、本当にうれしかったです。

　なんて素敵なエピソードでしょう。結菜ちゃんの成長は本当にうれしいことですが、お母さんがそのことを生意気な姿と捉えず、正当な自己主張ができるわが子と喜べたことに感動しました。子どもも親も、ていねいな一日一日がつながってお互いに成長できるということですね。

手のひらを
水の底にあてて、
たぽたぽたぽ…

かえるさん
みたい！

見て見て！ 結菜ちゃんの顔が！

　シャトレーナの中の結菜ちゃんが下から水を見上げたそのときです。
「うわ〜、結菜ちゃんのお顔がおもしろいよー！ みんな、見てごらん！？」
千春先生が上からのぞくと、溜まった水の下にある結菜ちゃんの顔がゆがんで、とてもおもしろく見えることに気がついたのでした。
「見せてー！」
「ぼくも見たいよー」
とみんなで水面をのぞいて、びよ〜んと横に伸びた結菜ちゃんのおもしろい顔を見て、にこにこする子、不思議だったのか真剣に見入っていた子といろいろでした。

見て!!
結菜ちゃんの
お顔が
おもしろいよ！

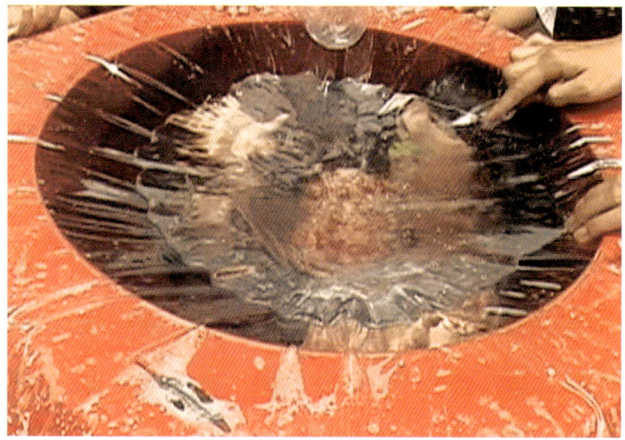

下からいろいろためしてみている結菜ちゃん。

結菜ちゃんから見えるみんなの顔は
どんなふうだったのでしょう…

「花衣沙ちゃんも一緒にやろう!」と誘われて…

友だちの力

　あそびが結菜ちゃん中心で盛り上がる中、花衣沙ちゃんは、太一くんや秀悟くんのようにシャトレーナの中に入ろうとはしません。花衣沙ちゃんは、赤ちゃんの頃から慎重派で新しいことにはすぐには加われないタイプなのです。

　1歳の頃も、みんなが段ボール箱で作った家に入ってあそんでいるのに、花衣沙ちゃんだけは何か月も入ろうとしませんでした。このときも、水は運んでくるものの、みんなの間をぬって、水をこぼすためにシャトレーナの中に入ることができないでいたのです。

　すると、そのことを察したかのようなタイミングで
「ねえ！　花衣沙ちゃんも一緒にやろうよ!!」
と、結菜ちゃんがシャトレーナの中から片手を伸ばして、誘ってくれたのです。花衣沙ちゃんは、全身に灯りがともったようににっこりして、迷わずその手に誘われ、中に入っていきました。

　二人がシャトレーナの中に入った後、水面をのぞくと、4つの手のひらが水の底に張りついたかと思うとザザーッと派手に水がこぼれました。
「やった！　やったあ！　いひい〜っ!!」
と、何とも表現のしようのない引き笑いをしながら花衣沙ちゃんが笑顔満面で出てきました。

4つの手が…

その後も何度も
「やった！　やったあ!!　うふふっ」
と、笑いが止まらない花衣沙ちゃんでした。花衣沙ちゃんが
「やったあ〜！」
などと言ったのはこれまで聞いたことがありませんでした。よほどうれしかったとみえます。このあそびがはじまったばかりのときに、千春先生が、
「花衣沙ちゃんも入ってみたら？」
と誘ったときには無反応だったのです。友だちの力はすごいものですね。

やった！
やったあ〜!!

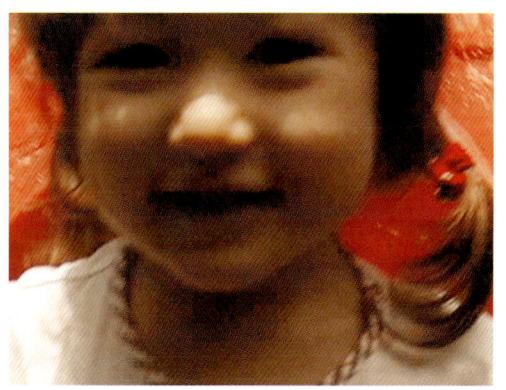

と、大満足の表情の花衣沙ちゃん。

それぞれの楽しみ方

　そしてもう一人、最後までシャトレーナの中に入らず、外側に張りついていた智紀くん（2歳6か月）。彼は、最初に千春先生が魚に見立てて水に浮かべた葉っぱをすくうことをマイペースでずっと楽しんでいたのです。

　はじめは、水を入れていたマヨネーズの容器で盛んに葉っぱをすくおうとしていました。何回かためして、中をのぞいては水も葉っぱもうまくすくえていないとわかると、みんなの様子をぼんやり見ていました。

お水が入ってない…

これでお水、すくえるかなあ～？

友だちがヒントをくれた

　すると、智紀くんは、花衣沙ちゃんがままごと用の小さなプラスチックのフライパンに水を入れて運んでいるのを見たのです。そのことでヒントを得たのか、しばらくして自分で砂場の道具小屋からアルミのフライパンを見つけてきたのでした。

　なるほど、これならすくえます。まるで金魚すくいのようです。使い方によっては、水をかき出すことができることにも智紀くんは気づいていました。

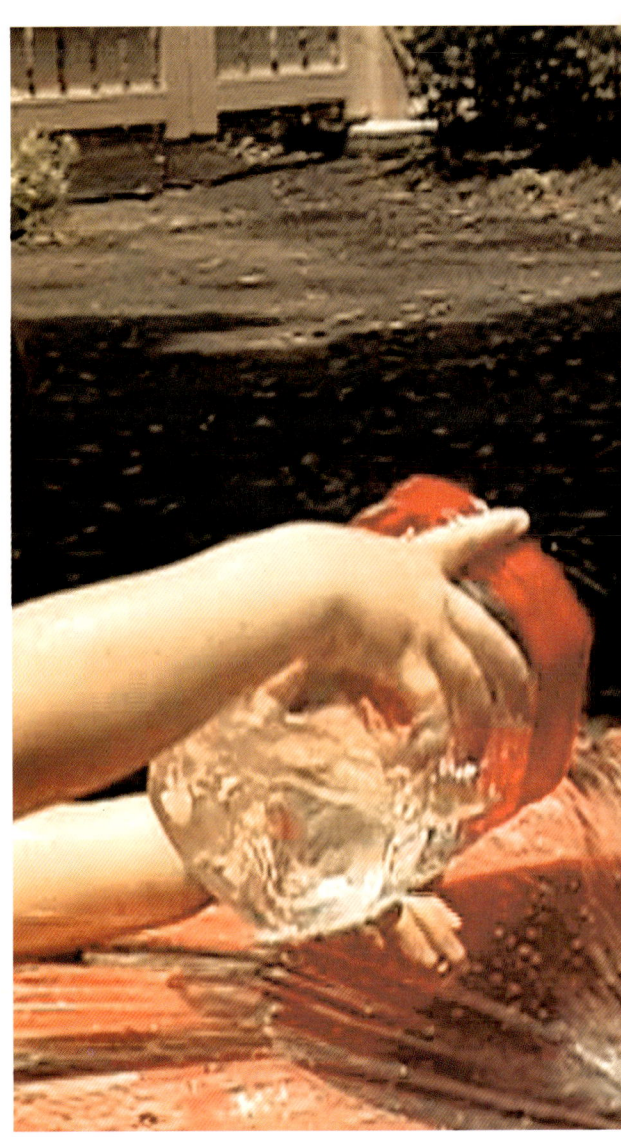

砂場の道具小屋から
自分で見つけてきました。
これなら葉っぱをすくえるし、
水もかき出せます。

友だちって素敵

　智紀くんは、みんなが水をつぎつぎ運んできてビニールに水を入れ、葉っぱがその中でぷかぷか浮いている間だけ、つまり、誰かがシャトレーナの下に入ってザザーとこぼすまでの間だけ、葉っぱをすくってあそべるのです。

　あそびが一段落してきたのか、それぞれが別のあそびへと移りはじめて、池が干上がったままの状態になりました。それでも、智紀くんはシャトレーナのそばから動こうとしません。

　「智ちゃん、そろそろおしまいにしようか？」と、私が声をかけてもむっつり黙ったままです。

　するとそのとき、背後から「よっこらしょ！　よっこらしょ！」という太一くんの声。振り返ってみると、なんと、水を運んできてくれたのです。智紀くんの表情がいっぺんに明るくなりました。

　自分の隣りに立って水を流し入れてくれた太一くんの顔を見つめて「きゃはっ!!」と、歓声に近い笑い声を上げた智紀くんはそのとき、きっと「ありがとう！」と言いたかったのでしょう。私の胸の奥も熱くなりました。おどけ上手な太一くんは、いつもタイミングのいい優しさを示す子です。

　この日は、結菜ちゃんのちょっとしたいたずら心を保育者が上手に受け止めたことと、子どもと保育者の豊かな感性とが絶妙に絡み合い、思いがけない楽しいあそびに展開しました。

　そして、"おもしろい、おもしろい"と繰り返しビデオを見ているうちに、たくさんの発見がありました。

葉っぱの
お魚つかまえた！

保育者のなにげない一言で
あそびが変わる！

　このあそびは、保育者がはじめから設定したものでなく、子どもの行為や気持ちをしなやかに受け止め、共感しながらタイミングよくかかわっていったことから生まれたものでした。

　結菜ちゃんが保育者に水をかけたときに「そんなことしたらだめでしょ！」とたしなめていたら、その時点で消滅していたと考えると、保育者の何気ない一言の重さに気づかされます。

　さらに、水、光、木の葉など、どこにでもある素材が、保育者の豊かな感性と、一人ひとりへのていねいなまなざしと共感力があることで、子どもたちにとってはこんなにも楽しい体験となり、子どもの知的好奇心を育むことにもつながるということもわかりました。

安心して自己発揮できることから、
その子らしさが光るあそびに！

　子ども一人ひとりが、「日常の生活の中で誰の顔色をうかがうこともなく、自分が感じたままに自己表現できる」という実感をもっていることは、自我が芽生える時期である乳幼児期には特に重要です。

　子ども自身がそのことを保障されていると感じたときにはじめて、感性を自由に発揮して、自己肯定感をもち、自分らしさに輝きを増しながら成長していくことができるのです。つまり、保育者の指示を待つような生活やあそびからは育ち得ない子どもの姿がここにあると思います。

　また、花衣沙ちゃんの様子から、2歳という低年齢であっても、自ら充実感や達成感を実感しているということがよくわかりました。その言葉や表情から、のびのびとした主体的なあそびの体験が、子どもの言語や身体的表現力、さらに知的好奇心、創造力の成長に及ぼす影響の大きさを確認しました。

第2章

かかわりへのまなざし

2歳の保育者

マットの上で、腹ばいであそんでいた泰丞くん（5か月）が寝返りをして、畳のほうにはみ出し、不満の声をあげると…

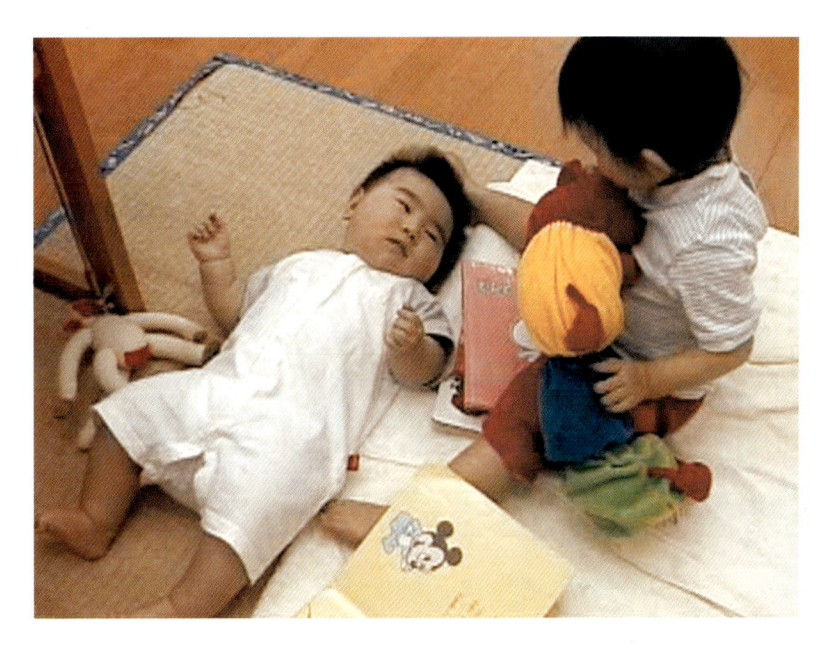

観月ちゃん（2歳）が、泰丞くん（5か月）のところに、絵本とぬいぐるみを持って近づきました。

これで
あそんでみない？

わ〜い！
泰ちゃんあそんでくれたよ。

この優しさはどこから？

　これは、6月はじめの頃にビデオに収めた光景です。4月に産休明けの泰丞くんを仲間に迎え、自分より小さな赤ちゃんの存在に興味津々の観月ちゃん。ナースリールームでは、観月ちゃんに限らず毎年このような光景がたくさん見られます。観月ちゃんの赤ちゃんへの接し方が日に日に上手になってきていたので、その様子を記録できたら…と思い、ビデオを用意していたら、タイミングよく、ごく自然にいつものように泰丞くんにかかわってくれたのでした。
　観月ちゃんは、2歳上のお兄さんと二人兄妹で、両親と祖母の5人家族。赤ちゃんと接する機会はナースリールームだけです。いったい、どこでこんなに上手なかかわり方や優しさを覚えたのでしょう？

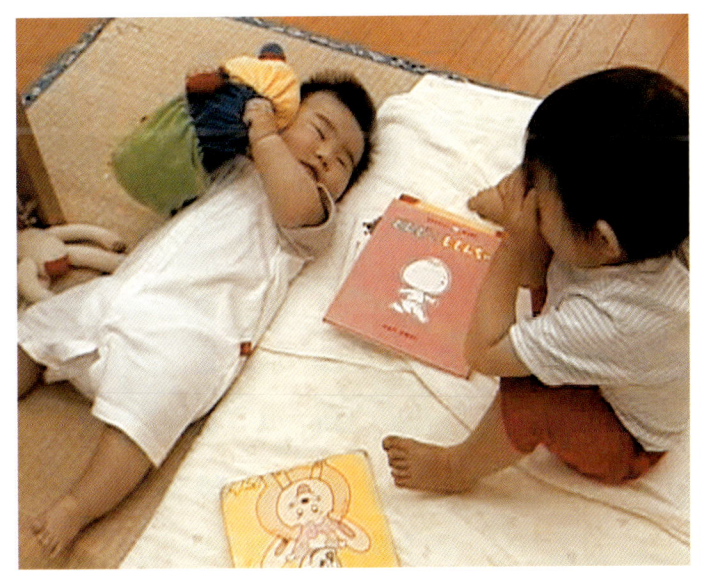

いないいない…

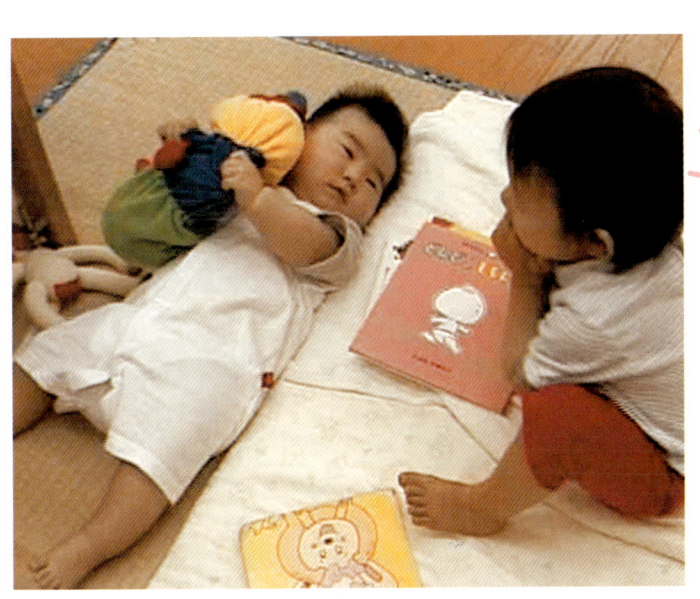

ばあっ！

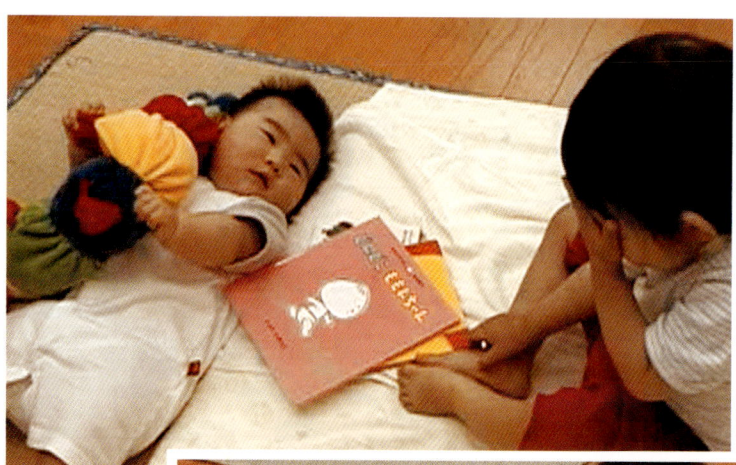

もう1回
いないいない…

ばあっ！

どう？…
おもしろかった？

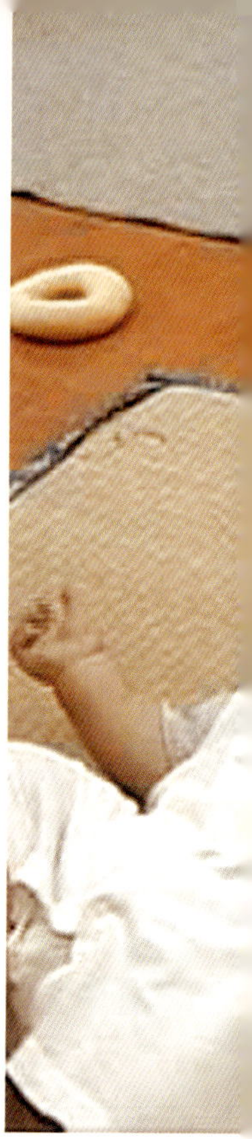

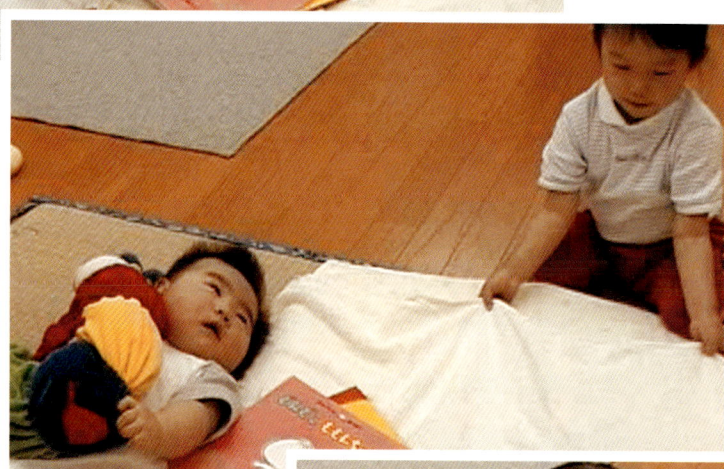

あらあら…
タオルがくしゃくしゃに
なっちゃったわ。

こっちも…

ほら！
ここにえほんがあるから…

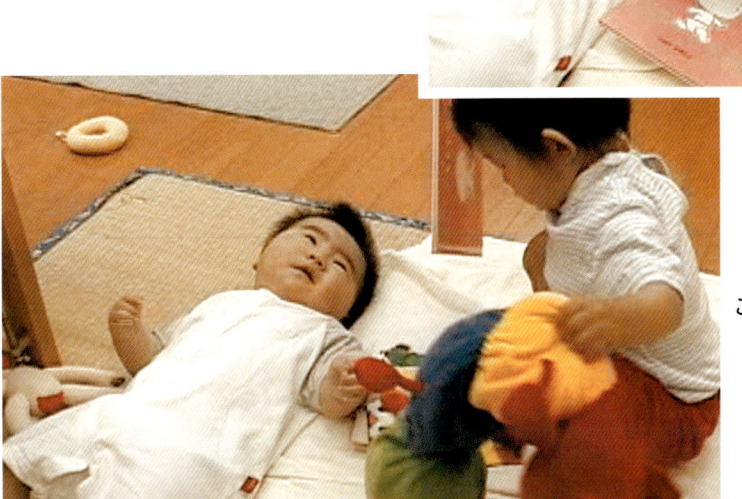

こっちにおいて…と。

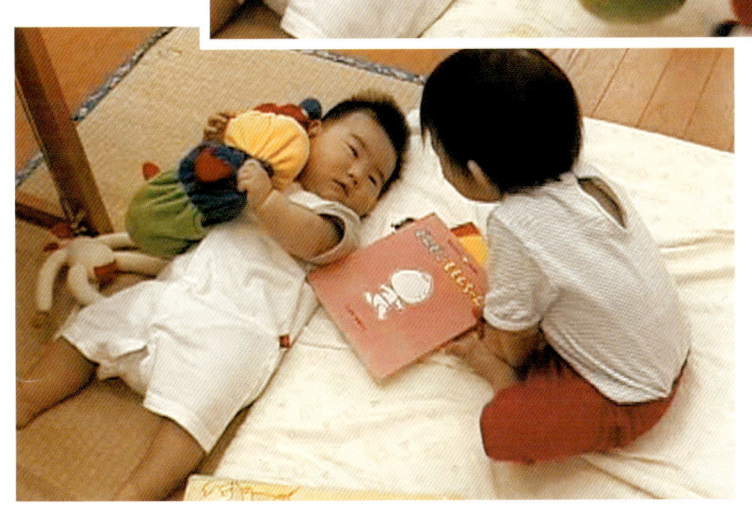

これは…

ねえ、こんどは
えほんにしたら…？

ねえ、
ここのところをつかんで…

あれえ…?

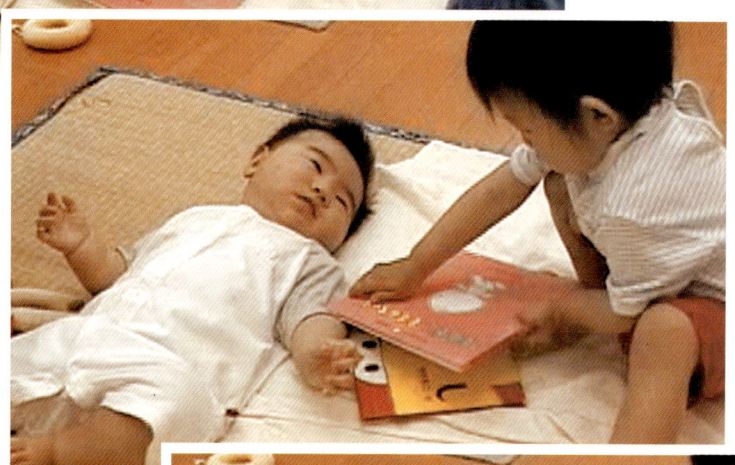

これじゃあ
ダメか…

こっちの
小さいほうなら…

こっち向きならだいじょうぶかな?
と思ったらしく、絵本を裏返しました。

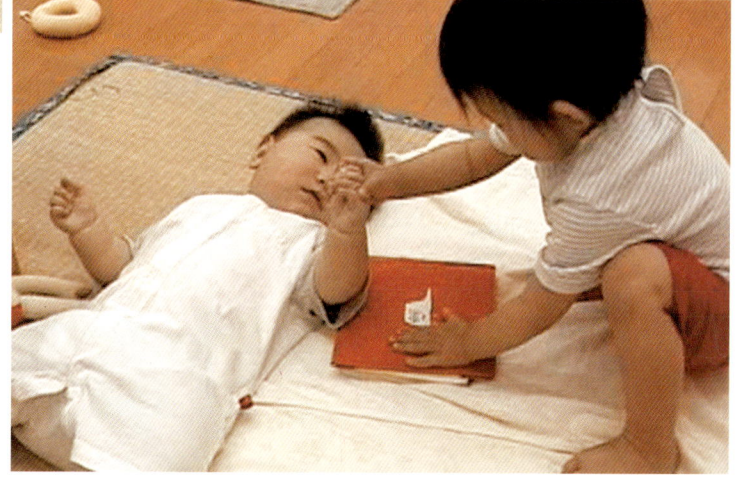

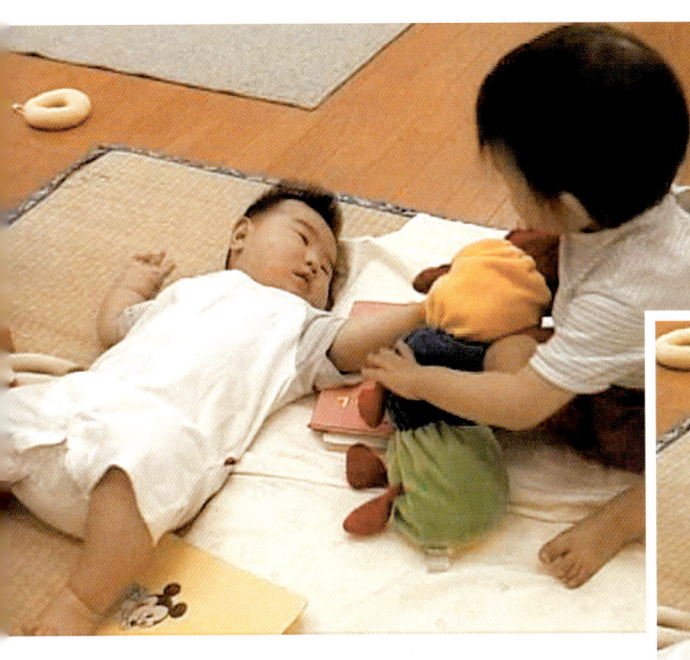

泰丞くんが
手を伸ばしました！

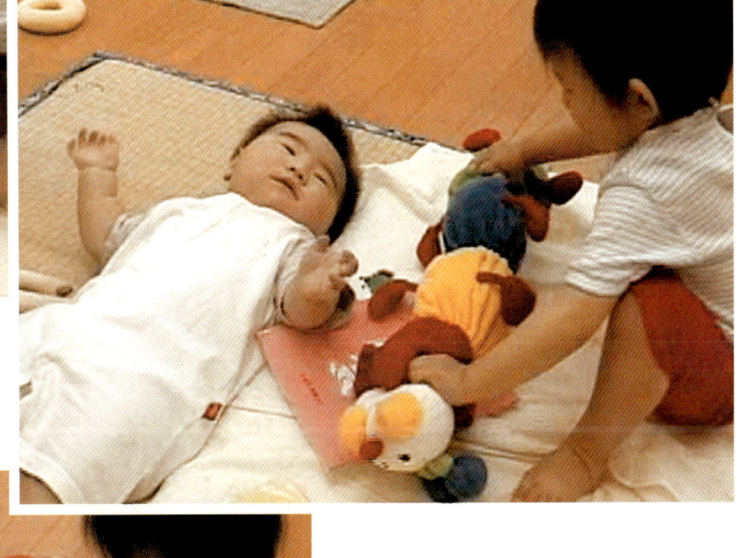

じゃあ…これ？

あれえ…？
やっぱり
つかめないのかあ…

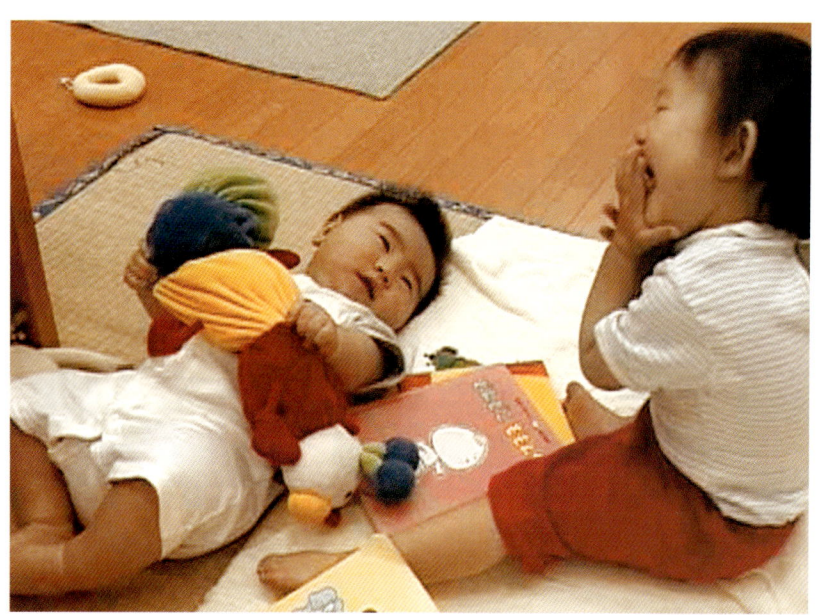

きゃはっ！

やっぱりこれが
すきなんだあ！！

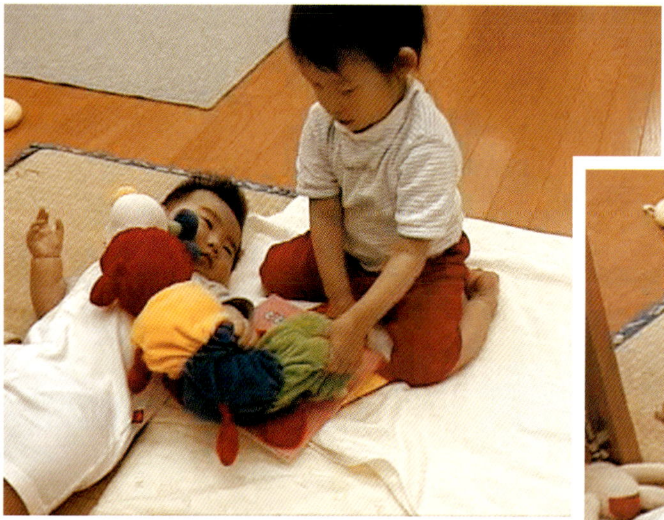

こんどは、ここに置いておくから、
自分でつかんでみたら？

でもさあ…

うっかりしているときに…

　1歳から2歳の時代は、いやだ、いやだの連発や、噛みつきが出るなど、親だけでなく保育者でさえも、その対応とかかわり方が難しく、この時代は、とうてい他児のことになどに気持ちがまわらないと思われがちですが…。泣いている友だちに対して、そっと背中に手をまわし「……ぶ？」（だいじょうぶ？の意味）と言ってなぐさめたり、保育者のポケットからハンカチを取って涙をふいてあげる享悟くんがいたり、1歳2か月の翔士くんが、6か月の大貴くんに対して、頭や身体をなでたり、手足をさすったりして、今日も会えた喜びを全身で表現するなど、ナースルームでは、1歳児、2歳児の優しさにあふれる他児とのかかわりがたくさん見られます。

　このような子どもたちの行為をよく見ていると、他児の存在やかかわりあいがうれしくてたまらない雰囲気が伝わってきます。そしてその仕草が、実は保育者が無意識に子どもたちにかかわっているときの仕草だったりします。そうしてみると、人とのかかわり方、つまり、他者が困っているとき、悲しんでいるとき、うれしいときの気持ちの表し方はどのようにすればいいのかを、子どもたちは身近にいる大人が、友だちや自分に対して、どのようは対応しているか…ということを無意識に観察することから自然に身につけていくといえます。目覚めている時間だけを考えれば、保育時間の長時間化した昨今、保育者はもしかすると親よりも長い時間、子どもたちと生活を共にしているわけですから、その与える影響の大きさは否めません。倉橋惣三が『育ての心（上）』（フレーベル館／1976年）のなかで、「その人の味はうっかりしているときに出る…うっかり言う言葉、うっかりする動作、出合い頭にうっかりと見せる顔」というようなことを書かれていますが、まさしくこのことだと思います。

　保育者は常に子どもたちに見られている意識をもち、うっかり出る行為やうっかり出る言葉や表情が、優しさと思いやりに満ちていたいものです。それには、保育者自身が、心にゆとりがもてる状況にあることが重要ともいえます。時間に追われ、とにかく仕事をこなす…という保育体制では、人との関係性が育つ保育にはなりえません。

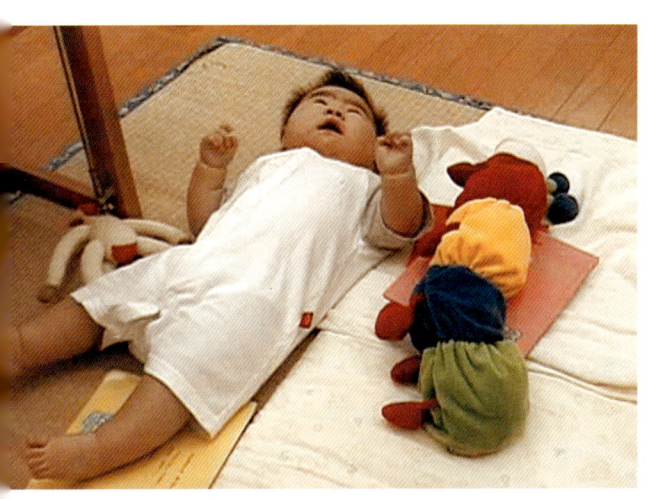

あれ？　いっちゃうの？

観察力と優しさ

　このあと、観月ちゃんは泰丞くんのために別のおもちゃの入ったかごを運んできてくれたのでした。観月ちゃんの様子を見ていると、じつによく泰丞くんのことを観察していることがわかります。「これをするとどんなふうに思うのかしら？」と、自分のはたらきかけに対する相手の反応をよく見ているのです。そして、泰丞くんの気持ちに添えたときのあのうれしそうな表情は、そのことを物語っています。

　まだまだ赤ちゃん扱いされがちな2歳児でも、困っている人の役に立ちたいという思いで、こんなに見事な共感力と優しさをもって、自分より幼い仲間に表現できる力があることに感動せずにはいられません。大人と同じレベル、いいえ、大人以上にもてるようです。子どもたちのこの優しさや感性がこのまままっすぐ育つように、ていねいに接していかなければ…と、自分自身に言い聞かせました。

おんぶの意味の新発見！

　一般的に、家庭や保育園、幼稚園で子どもがあそぶ人形として用意されるものは、動物や赤ちゃん、または子どもの人形がほとんどです。

　2年前にちょっととぼけた表情の家族の人形を、カタログで見つけて購入してみました。ちょび髭のはえたおじいちゃん、着物姿に足袋をはいたおばあちゃん、お父さん、お母さん、おにいちゃん、おねえちゃん、赤ちゃん二人、という家族構成です。正直いって、あまりきちんと作られていなかったので、パーツが取れないように補修し、手足が棒状だったので、縫い目をいれて関節を作り、座れるようにしてままごとコーナーに置いてみました。

　すると、驚いたことにおばあちゃんの人形が人気で、ままごとに招待するのもおばあちゃん、おんぶをする人形も決まっておばあちゃんを選ぶのです。

　はじめは、ものめずらしさからかと思っていたのですが、よくよくその様子を見ているうちに、すごいことに気がついたのです。それは、おばあちゃんを選んであそぶ子どもたちは、日頃おばあちゃんにかかわってもらっていることが多いという共通点です。

　つまり、優しく接してくれる人に対して、優しくして返しているということに気づかされたのです。子どもがおんぶをしてあそぶのは、お母さんの子育て行為の模倣だとだけ思っていたのはまちがいかもしれない、と。いつもおばあちゃんをおんぶしていた享悟くん（1歳6か月）は、おばあちゃんにしてもらった行為をお返ししているということなのです。これは、新たな発見でした。

　そしてこのことも、子どもたちが何気ない大人の行為の本質的なところの意味をしっかりキャッチして、自分の中に取り入れているということの証明でもあります。

取りっこドラマ

それは霧吹きあそびからはじまった

　冬の空気の乾燥は、赤ちゃんには本当に気の毒です。加湿器を使っても十分な湿度にはなりにくく、その日私は霧吹きを使ってあそぶことで一挙両得をねらいました。
「ほうら、雨がふってきたよ！　気持ちいいね」と子どもたちの頭上でシュー。それを見上げた子どもたちの顔に、細かい霧が降り注ぎ、みんなきゃっきゃっと大喜び。私自身も「気持ちいいー！」と一緒になって楽しみすぎてしまい、床がしっとり濡れてきたのでおしまいにしました。その霧吹きを、うっかり私が子どもたちの手の届く棚の上に置き忘れたことからはじまったできごとでした。
　棚の霧吹きを一番にめざとく見つけた透くん（1歳10か月）が、さっそく持ってあそびはじめました。すると、そのことに気づいた健吾くん（1歳7か月）が、透くんのそばにすぐに近づいていきました。体格もよく力のある健吾くんが、まっすぐ自分の方にやってくると気づいた透くんは、身の危険を感じたようで、「ああ〜ん」と半泣きの声で、そばにいた私に助けを求めました。それでも、お構いなしに健吾くんが霧吹きへと手をのばしました。

　日頃の透くんは、他児と取り合いになりそうになるとすぐに持っていたものを手放したり、あっさり相手に渡してしまうことが多いのです。独占欲や自己主張が最も激しくていいはずの1歳児期になぜ？　と不思議に思っていたところでしたので、このとき私は、"たまには、だめって頑張ってみたら？　応援するから！"という気持ちで透くんのすぐ近くに座って「透くん頑張れ！」と言ってみました。
　すると、自信がついたのか、健吾くんが手をのばしてつかんできても、いつものようにあっさりとは手を離さず、霧吹きをしっかりつかんで離さないように頑張り、必死の声を出しました。聞いたことのない透くんの声と様子に気づいた他の子どもたちは、自分のあそびを止めて、二人の様子に注目しはじめました。

そこへ、学くん（1歳5か月）が近づいてきて、取り合いになっている霧吹きに手をかけたのですが、健吾くんに押しのけられてあっさりとあきらめました。すると今度は、みかちゃん（1歳10か月）が近づいてきて、霧吹きを取ろうとしたり、「てんていの！」（先生の！）と、二人を諭してみたり…。学くんもすずかちゃんも、おそらく透くんを助けてあげたかったのでしょう。しかし、まるで歯が立たず、透くんと健吾くんの必死の声が続きます。

　次には、少し離れたところにいたたけしくん（1歳9か月）が「けんご！　めっよ‼」と一人ごとのように小声でつぶやいたあと、二人のそばにやってきて、健吾くんの体を押したり、霧吹きから離そうとしない手を噛もうとしたりしましたが、力のある健吾くんにやはりあっさりと押しのけられてしまいました。そのうち、とうとう健吾くんが透くんに体当たりするようにして霧吹きを自分のものに。透くんは、泣きながら私の胸にしがみついてきました。

　「残念だったねえ！　頑張ったのにねえ、透くんが見つけたのにねえ。でも、みんながたすけにきてくれたね。うれしかったね。よく頑張ったねー」と抱きしめました。そうしているうちに、透くんも我ながら頑張った！とも思えたのか、程なく落ち着いて泣き止みました。透くんが落ち着いたところで、私は、霧吹きを手にあそんでいる健吾くんに近づき、小声で「もうそろそろ透くんに、ごめんねしてかえしてあげたら？」と、ささやいてみました。すると、いともあっさりと透くんの方に向かって霧吹きを差し出したのでした。健吾くんなりに、透くんやみんなの様子から「少しやりすぎたかな…」と思えたのではないかと思います。

一人の育ち、みんなの育ち

　人間には、生まれつきもっている気質があるので、1歳という年齢でも、思いきり自己主張できる子もいれば、あまり争いの雰囲気を好まない子もいます。

　透くんも後者のタイプなのかな…と思えなくもなかったのですが、もしかしたら自信がなくてがまんをしているのかもしれないとも思えたので、この日は透くん自身の気持ちを確かめる意味もあって、取り合いを譲らないように誘ってみたのです。私がそばにいて、痛い思いをしそうなときは双方に手を差し入れたりしながら見守ったので、安心して自分の気持ちを表せたようでした。そして、やはり透くんは自己主張できずにいたということが確認できました。

　透くんの自信のない様子はその後も気になっていたのですが、あるとき健吾くんが寝ているときに先に目覚めていた透くんが、眠っている健吾くんの顔をパチン！と叩いているのを見て、全身に冷たい水を浴びたような気持ちになりました。あまりにショックでした。

　その日の連絡帳に「透くんはこのところ何かがまんしているように見えるのですが…」と書くと、数日後「じつは、忙しくてほとんどおばあちゃんにまかせきりになっていました。どんなことに気をつけたらいいでしょうか？」とお母さんが相談にみえ、納得できました。子どもが、自分の思いを自然に表せないのは、やはり心のよりどころがぐらついているときなのです。そして、仕事と子育てと嫁の立場の中で自分を責めているお母さんの辛い立場も見えてきました。やっぱり子どもの心は、大人の心をうつす鏡です。

　そして、このドラマのもう一つの見どころは、仲間との生活がしっくりいく頃になると、1歳でも、友だちのために自分なりにできることをやろうとする力が育っていたということ。

　一人ひとりへのていねいなかかわりが、友だちを受け入れたり、友だちの思いに共感できる力を育んでいると確信できたうれしいエピソードでした。

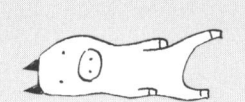

むずかしいなぞなぞ

なぞなぞが発展して…

2歳児を担当しているときのこと。紙芝居の前に、簡単ななぞなぞを出してみました。
「みみのながーいどうぶつ、なーんだ？」
「ウサギ!!」
みんなの声がそろって答えます。
「じゃあ、鼻がながーくて…」と言いかけると「ゾウさん！」と翼くん(3歳6か月)。そして、
「今度はつばちゃんがやりたい」
「はい。じゃあ、おねがいします」
「こんなに大きい丸はなんでしょうか!?」
すると、隣りに座っていた千晶ちゃん(3歳5か月)が、
「おねえさんたちの丸でしょう！」
「ぶっぶー！　ボールでした。じゃあ…カモは何でしょうか？」
また千晶ちゃんが答えます。
「羽があるんでしょ？」
「ぶっぶー！　カモじゃない動物でした。トラでした」
すると千晶ちゃんが大きな声で、
「トラ！」
「ピンポン！　ピンポン！　あたりです!!」
二人とも、とってもうれしそうに顔を見合わせた笑顔が素敵でした．

相手の気持ちに寄り添う

二人とも産休明けからナースリーっ子になって3歳の誕生日が過ぎ、丸3年のお付き合い。お互いの気持ちもいつの間にか感じ合えるようになっていたようです。

千晶ちゃんは2歳上にいるお兄ちゃんにあこがれているので、いつもは強い口調や大きな声で自己主張もはっきりとするタイプです。でも心根は優しくって、思いやりがいっぱいある女の子なので、翼くんのとっても難しい問題も根気よく聞いて受け止めてくれたのでしょう。楽しいことをいっぱい共有してきた仲間であることが、相手の気持ちに自然と寄り添って思いやる心を育てているのです。

洪水になったらどうしよう！

すいりくりょうよう？？

　みんなのお気に入りの絵本『ぼくは　おこった』（評論社）を読み終えた後、「ナースリーがこんなふうに海になっちゃったらどうしよう!?」と私が言うと、「おふねにのればいいよ」と勇輝（ゆうき）くん（3歳9か月）がすぐに答えました。「なるほど…」と感心していると、優太（ゆうた）くん（2歳10か月）が、
「すいりくりょうようにのればいいよ」
と言ったのです。一瞬何のことかわからなかったのですが、車好きの優太くんとはいえ、"水陸両用車"という意味で言ったとわかったときには、びっくり。
　すると今度は、和穂（かずほ）ちゃん（3歳）が「かっちゃんはメガネかけて水着きておよいじゃう」と得意そうに言いました。
　3人の答えを黙って聞いていた浩成（ひろなり）くん（3歳3か月）は、答えにくいかなあと心配していたら、いとも簡単に、
「ひろちゃんはライオンに海をパクってたべてもらう！」
と答えたのでした。

みんなちがって素敵！

　『ぼくは　おこった』という絵本は、男の子がテレビを夜見ていたときに、お母さんに「もうねなさい！」と言われ「いやだ！」とおこりはじめたら、家が壊れ、町が壊れ、大洪水になり地球が壊れ、最後に、
「ぼくどうしてこんなにおこったんだっけ」
と終わる絵本です。
　人は、誰でも自分の中の怒りを思い切り爆発させてみたいと思うときがあります。私もそんな心境のときに、本屋さんでこの絵本と出会い、スーッと自分の怒りがこの本の中に吸い取られたような気持ちになりました。
　この年の2歳児グループは、自我のはっきりした個性派ぞろいで、なかなか自分の気持ちがおさまらなくて、大騒ぎになることもしばしばありました。ですから、この本を本屋さんで見つけたときには、きっとみんなが気に入るという確信がありました。そして、予想通りの人気本になった訳です。
　それにしても、この4人4色の答えには脱帽です。大人でもこんな答え方ができるとは思えません。2歳児の担当になってもうすぐ1年の締めくくりを迎える時期に、自分の感じ方や考え方を、ありのまま表現することができるように成長していると確信でき、保育者としてなんともうれしいことでした。

パーティーにご招待

ごっこあそび、楽しそう…

　今までマイペースで一人あそびをすることが多かった航太くん（3歳3か月）が、ときどき自分のあそびの手を止めて他の子のあそびに目を向けることがふえてきたなあ、と感じていたある日。
　健くん（3歳7か月）が、「いらっしゃい！いらっしゃい！」とお弁当やさんをはじめると、航太くんが近づいてきました。黙って手を出す航太くんに、側にいた尚子ちゃんが「おいくらですか？　って言うんだよ！」と教えると、
「おいくらください！」と航太くん。
「ちがうよ！　おいくらですか？　って言うんだよぉ」
航太くんは、ああそうかといった表情で、
「おいくらですか？」と言い直し、無事に健くんからお弁当が買えました。

　側でさりげなくその様子を見ながら、航太くんの成長ぶりにホクホクしていました。すると、今度は尚子ちゃんがすぐそばでテーブルに積み木やままごとセットを運んできて並べ、
「パーティーだよ！　今日は誰のにしようか？」
とみんなに誘いかけました。するとすかさず、
「こうちゃんの！」
と航太くんが大きな声で言いました。
「じゃあそうしましょう」と気持ちよく受け入れた尚子ちゃん。あれこれテーブルに並べている尚子ちゃんの横で健くんが、
「早く食べたい！」
「まだ！」
と尚子ちゃん。
すると航太くんが、
「こうちゃんがまんする」
「けんちゃんもがまんする」
と健くんも言いました。
「二人ともおりこうさんねえ」
と、お母さんの口調を真似たのか妙に大人びたりっぱな口調で尚子ちゃん。
　あれこれテーブルにたくさん乗り切れないほどになったところで、
「ようこせんせー!!　はじまるよぉー」
と私もご招待を受けたのでした。

友だちっていいね

　航太くんには一つちがいの兄がいて、家庭では自分のペースでおもちゃを十分にはつかえないことをお母さんからお聞きしていたこともあって、ナースリールームではじっくりあそべることを保障してあげることも大切なことと考えていました。けれども、春から秋にかけて一貫して自分一人のあそびの世界から出てこようとしない航太くんだったので、少しずつ他児のおもしろさに気づけるよう言葉をかけたり、誘ってみたりして配慮してきました。でも、あまり本人の気持ちが積極的に向いてはきませんでした。

　それが、お正月明け久しぶりに友だちに再会し、あそびが軌道にのりだすと、そのおもしろさに航太くん自身が気づきはじめたようです。そして、その航太くんを上手に受け入れる優しい仲間が育っていました。私は、気づかない振りをしながら、その上手なやり取りににこにこ。楽しさを共有しながら過ごしてきた日々の積み重ねが、こうして仲間を受け入れる力になるのだなあと実感した瞬間でした。

信じる心

「まあだ!?」「まだ!」

　美帆ちゃん（3歳）が私の膝に座って絵本を読んでもらっているところへ、千晶ちゃん（3歳3か月）と翼くん（3歳4か月）も絵本を持ってやってきました。
「まあだ!?」
「もう少しよ。待っててね」と私。
　二人はしばらく待っていましたが、そのうち千晶ちゃんはあきらめたのか他のあそびに行ってしまいました。翼くんは
「早くしてよお」
　すると、美帆ちゃんは別の絵本を差し出しました。どうやら、さっきから待っている翼くんに膝をゆずる気はなさそうです。
「まだっ!」
と翼くんに対して強い口調で言いました。
　そこで私は膝を揺らしながら
「ガタンゴトーン!　電車です。次は美帆ちゃんえき～。美帆ちゃんえき～」
と言ってみました。自然にゆずれるかと思ったからです。

　ところが、美帆ちゃんはますます私の足に自分の足を絡ませるようにして「まだ!」と、まるでゆずる気配がありません。かなり根気よく待ち続けた翼くんだったので、さすがに怒りはじめ、持っていたぬいぐるみで美帆ちゃんをたたきました。
　私は強引に美帆ちゃんを『順番』という言葉で膝から降ろすことより、次にゆずってくれると信じて待ってくれていた翼くんのためにも、美帆ちゃんが自発的にゆずるのを待ちたいと思っていました。すると少しして、「いいよ」といって、美帆ちゃんがすーっと立ち上がったのです。
　翼くんがうれしそうに私の膝に座ると、美帆ちゃんは私と翼くんのすぐ横に椅子を持ってきて並んで座り、なぜか翼くんに抱きついたのでした。

「やだ！」と頑張る大切さ

　集団保育の中で一つのものを取り合うことは、日常茶飯事的できごとです。そして、大人はつい、自分の思いをあっさりゆずることが優しさや思いやりであり、集団生活の中で必要な協調性だと思ってしまいます。私は、このことをちょっと怪しんでいます。本当にそうだろうか？　と。

　3歳の子どもにとって、自分が心地よくしていることをそんなに簡単にゆずれるものではないと思うのです。自分が楽しくて心地よいことを、他児のためにゆずれるということは、日頃から楽しいことを共有しあっている仲間としての関係が、土台になるのだと思います。つまり、取り合いの場面で協調性や思いやりを育てるのではなく、お互いが満ち足りた気持ちで、心地よく過ごしあっている時間があれば、取り合いの場面で、相手への思いやりとして自然にゆずる気持ちが生まれるものだと思うのです。

　そのような意味でいえば、取り合いの場面は日頃の保育者の配慮やかかわりの結果が出る瞬間でもあるのかもしれません。美帆ちゃんはこのとき、自分がしたかったことを自発的にゆずったことで気持ちよさを感じたと同時に、それまで信じて待っていてくれた翼くんに感謝した結果として、抱きつきたくなったのだと思いました。二人を信じて、言葉をはさまず待ってよかったなあとしみじみ思いました。人を信じて待つことの大切さを翼くんに、友だちのために自分をゆずる優しさを美帆ちゃんに、伝えることができたように思います。

ママをぺしっ！

「花衣紗ちゃんがいじめられている！」

朝、登園してきた智紀くん（2歳2か月）のお母さんが
「じつは昨日の帰り、うちの智紀が花衣紗ちゃんのお母さんの顔を思いきりたたいちゃったんです」
とちょっと困った表情で私に報告してくれました。普段あそんでいるときでも、他児とけんかしい雰囲気にさえならない智紀くんなので、想像もできません。
「それはまたどういうことですか？」
「花衣紗ちゃんのママが、『もう帰りましょう』と何度も花衣紗ちゃんに声をかけたのに、なかなか帰る気にならないので、ママが少しキツイ口調で叱ったら、うちの智紀は花衣紗ちゃんをいじめてる！　って思ったみたいで…。花衣紗ちゃんのママには申し訳ないのですが、私そのときとっても感激しちゃいました。花衣紗ちゃんのことそんなに大切に思える気持ちが育ってたんだなあって…」
「ほんとうですねえ！　それはすごい！！」

そのエピソードを聞いて、私も鳥肌が立つほど感激しました。その日の二人のお母さんの連絡帳には、それぞれの立場でその場面のことが書かれていました。

智紀くんの連絡帳
1月14日（火）
今日もなかなか帰ろうとしない智紀。
一番最後にナースリーを出ると、そこにはやはり帰ろうとしない花衣紗ちゃんが…。二人はやりたい放題。そこで、花衣紗ちゃんのママがけじめが肝心！　とすこし強く説得していると、智紀はいじめていると思ったらしく、花衣紗ちゃんママを「ばしっ！」とたたいてしまいました。花衣紗ちゃんママには大変申し訳ありませんでしたが、お友だちを思う心がこれほどまでに育っていることに感激しました。

花衣紗ちゃんの連絡帳
1月14日（火）
ナースリーを出てなかなか帰ろうとせず延々とあそぶ花衣紗を口説きはじめました。両腕をつかんで目を見ながら、なぜ帰らなければならないかと切々と語るのですが、花衣紗は大泣きをするばかり…、そこへ智ちゃん。私に近づいてくるや、げんこつで私の頬を殴りつけたのです。私が花衣紗をいじめていると思ったわけです。
花衣紗がどれだけ智ちゃんに思われているか痛切に感じました。

みんなが信頼感でつながっていた！

　智紀くんは、日頃はどちらかというと他児とかかわってあそぶことよりも大人とのかかわりを好み、あそび方もマイペースなタイプでした。でも、乳児の頃から約1年半ナースリールームで生活を共にしてきた花衣紗ちゃんに対しては、他の子と比べるとかかわることが多く、友好的でした。それでも、これほどまでに花衣紗ちゃんの思いに共感できる心が育っていたことに胸を熱くしました。

　そして実はこのときに、智紀くんの母親と保育者だけでなく、たたかれた花衣紗ちゃんの母親もまた、智紀くんの成長を喜んで感動しており、翌日、真っ先にその経過を報告してくださったのでした。二人の母親の、子どもの気持ちへの共感力とお互いに対する信頼感には脱帽です。ちょっとまちがえると、大変なトラブルに発展しかねないことでしたからね。

　では、なぜトラブルに発展しなかったのでしょうか。実は、ここに保育者の隠れた日々の努力があります。朝夕の保護者とのコミュニケーションの時間がとても重要なのは、保育者ならだれでも実感しているはずです。私は、その時間に保護者に対して、我が子のことだけでなく他の子どもの成長を実感するエピソードをさりげなく伝え続けていました。みんな一緒に暮らしている家族だから…という思いからです。そして、それがお母さんたちに自然に伝わっていたことも今回のエピソードで確認でき、うれしさもひとしおでした。

なおった!?

保育者にやつあたりするのはなぜ?

室内であそんでいるときに、1歳のまさるくんが何気なく手放した木製の車が、近くであそんでいたゆうかちゃん(3歳)の手にあたりました。うっすらと青くなっていましたから、さぞ痛かったことでしょう。ゆうかちゃんの担任ではありませんが、近くにいたので、
「いたかったねえ! だいじょうぶ?」
と、すぐにゆうかちゃんを抱きしめました。すると、痛いはずのその手で私の胸をどんどんたたきはじめ、まるでやつあたりの様子です。

そういえば数日前、ゆうかちゃんの担任が、「おもちゃを取られたり、ぶつけて痛かったりして泣いたときに保育者がなぐさめると、やつあたりするように保育者をたたいたり、持っていたものを投げつけるのはなぜかしら…」と言っていたことを思い出しました。

なるほど、このことか…と思いながら、「ゆうかちゃんの手におもちゃがぶつかって痛かっただろうなあと思って、心配してるんだから、こういうときはなぐさめてもらっていいのよ」と言い、もがくゆうかちゃんを抱きしめ続けました。しばらく悔しそうに私の腕の中で泣き続けるゆうかちゃんに、
「おくすりつけようか?」
というと、
「やだ!」
と、予想通りの返事。

「おくすりはいやかあ…じゃあマヨネーズつけてみる？」
と言ってみると、意外だったようで、きょとんとした表情になり、
「やだー」
「じゃあ…おみそにする？」
　ゆうかちゃんの表情がゆるみはじめました。
「やだ」
「おみそもだめなら…そうだ！　お醤油がいいかなあ？」
「やだ…」
　ゆうかちゃんの口調がだんだん柔らかくなって、次を期待しているような顔になってきました。
「マヨネーズがだめで、おみそもだめで、お醤油もだめなんでしょう…。そうだ！　ドレッシングなんかどう？」
「やだ！」
とにっこり。
　声に力が入ってきました。

「そうかあ…それならば先生がなめてあげようか!?」
と冗談のつもりで言ったら、
「うん！」
と、耳を疑う返事が即、返ってきてびっくり。でも、本当になめる訳にもいかないし…と、内心とまどいながらも
「それじゃあ…」
と、そうっとゆうかちゃんの手に唇をあてました。
「なおった？」
「まだ…」
「じゃあもう1回ね。どう？」
「まだ」
「それならもう1回。どう、なおった？」
「うん」
　さっきまでの顔とは別人のような、かわいい満足げな笑顔をたたえていました。そのあとしばらくの間、私に抱かれたまま周囲であそんでいる他児の様子を見ているうちに「うふふっ」と笑い、立ち上がってあそびに加わっていったゆうかちゃんでした。

母子でつらかったのね

　夕方、迎えに来たお母さんに報告すると「そうですか…ゆうかがなおった！ って言いましたか…。家ではそういうときはもう大騒ぎで、私の言葉なんか受け入れないのに。容子先生すごい、先生を家に連れて帰りたい」と言ったのでした。

　お母さんの最後の一言が、「先生にうちの子あげる」ではなくて、「先生を家に連れて帰りたい」でよかったと思っています。この一言で、日頃は快活でよく笑い、子育てを楽しんでいると思っていたお母さんが、本当はゆうかちゃんの自我と向き合ってどう接したらよいのかわからずに、苦しんでいることを十分うかがい知ることができたのです。そしてまた、ゆうかちゃんも別な意味で苦しんでいたことがわかりました。

　実はこのとき、家庭でのゆうかちゃんの様子をお母さんが話したときに「家では、甘えたいときには自己申告制にしているんです。だっこしてくださいとか、甘えたいんですけどって、言ったら応えるようにしています」とお母さんがおっしゃったことから、理解できました。接し方や受け止め方のタイミングが難しくて、お母さんなりに考えた方法だったのでしょう。

　その約束は、"痛かった！"とか"怖かった"という理屈ぬきに受け止めてもらいたいときには大変もどかしく、ゆうかちゃんが腹立しくなるのも納得できる気がしたからです。親は親で、子どもの思いを受け止めたくてもどうしたらよいかわからない。子どもは子どもで、自分をどう表現したらよいかわからない。その間で、保育者の役割が本当に重要なのだとつくづく思ったエピソードでした。

　このときは、たまたま私のとっさの思いつきで口から出た言葉が、いつのまにかゆうかちゃんの心を開かせることにつながったわけですが、いつも正面から考えるだけではなく、ときにはユーモアで心と身体の緊張を緩めることも大切ですね。

はと時計がぶきゃ～っと鳴いた!?
・孝くんのこと　その1・

はと時計から出てくるのは？

　玄関で、2歳児が4人と担当の佳代子先生が座ってはと時計を見上げているところに、たまたま通りがかりました。4人の中には、孝くんもいました。もちろん何をしているかは、一目瞭然。でもあえて、私が、
「なにしてるの？」と聞くと
「はとさんが出てくるの待ってるの！」
と弥生ちゃん。
「へえ～、でも今日ははとじゃなくてブタさんがぶきゃ～っと出てくるかも…」
と言い残してその場を立ち去りました。

「ぶっきゃ～だった！」

　まもなくして、「ぽっぽ！ぽっぽ！…」と10時を知らせるいつものはと時計の音が聞こえたので、子どもたちがどんな感想を言うのか楽しみに出て行ってみると
「やっぱりはとさんだったよ!!」
「やっぱりぽっぽっていってたよ！」
と女の子二人は不満そう。その中で孝くんだけが、小躍りするように飛び跳ねながら
「ぶっきゃ～って言ってたよ!!」
と大喜びして何回も
「ぶっきゃ～だった！」
と言い、
「ぽっぽだったでしょ！」
とそばで女の子たちが不満そうに孝くんに言っているのですが、まるで聞こえないかのように飛び跳ねて喜び続けていたのでした。その後あそんでいても、思い出したように「ぶきゃ～だった」と言ってはうれしそうでした。

つまみ食いの誘惑といたずら

・孝くんのこと　その2・

ちょっと、つまみ食いのはずが…!?

　段ボール箱に入った野菜と果物を、保育者に頼まれて給食室に運ぼうとしていた孝くん（2歳10か月）の側を通りかかった私。
「これ食べちゃおうか？」
と梨をつかんで言ってみると、
「だめ！」
と孝くん。
「じゃあ…ねぎたべようか？」
「やだ…」
「じゃあ…ブドウ食べちゃおうか？」
「……食べる…」
「じゃあちょっとだけ味見しちゃおうね」
と、いたずららしく声をひそめてわざとラップを指でつついて破り、周囲にいた子どもたち3人と孝くん、そして私の口に1粒ずついれました。
「ふふっ…おいしいね」と、みんなを見回して小声でいうと孝くんの手がいつのまにかブドウの房につかみかかっていることに気づき、あわてました。

「これは、全部食べたらだめなのよ。ちょっとつまみ食いだからね。あとはお食事の先生に届けなくちゃ」
と、そのまま私が給食室に届けました。
「ネズミさんがいてブドウの味見をしたみたいですよ」
と、給食の先生に私が大きな声で言っているのを聞いて、他の子たちはにやにや…。ただ一人孝くんだけは不満そうにしていました。
　そうして、1週間後同じように果物が段ボール箱の中にあったときに、前回の私の誘惑を覚えていた子どもたちは、予想通り早速つまみ食いをしました。もちろんその中に孝くんも加わっています。タイミングを見計らって、あわてたふりをして止めに入ると、
「○○ちゃんが食べちゃったんだよ…」
と、真っ先に言い訳をしたのが孝くんでした。

いたずらしてもいいのよ

　保育者になって3年目のある日のこと。廊下であそんでいるはずの子どもたちが急に静かになったので見に行くと、廊下であそんでいた1歳児と2歳児の4人が配達されてきたバナナが箱に入っていることに気づいて、みんなで食べていたことがありました。3歳になっていた利定くんが、バナナの皮をむいてみんなに少しずつ分けてあげたようでした。
「これはみんなのおやつにするものだから、食べたらだめなのよ」
と、話したとたんに
「うぁ～ん！」
と、大きな声で泣き出した祐二くん。訳をきいたら、小さい子に分けていて自分で食べる前に止められたので、食べられなくて残念で泣き出したらしいのです。このときは驚いて止めながらも、内心"よく気がついたなあ"と感動してしまいました。

　孝くんとのエピソードは、それから10年後くらいのできごとです。思えば、大人を驚かせるような子どもたちのいたずらが、年々少なくなってきている気がしていました。

　年のはなれた姉が二人いる孝くんは、家に母親が3人いるようで、日頃から母親だけでなく二人の姉からも細かいことをいろいろ干渉されることが多いようです。孝くんが他児のしていることを
「だめ。ちゃんとやりなさい」
と、保育者よりも先にたしなめたり、
「先生！　○○くんがこんなことしているよ！」
と、告げ口のように言ってくることが多いのは、そのためではないかと気になっていました。本当は自分でもやってみたいことなのに、大人の評価が気になってやれないのではないか、と。
　孝くんは、優しくてどちらかというと気が弱いほうなので、周囲からの干渉をはねのけて自分の思いを通すことは難しいのでしょう。こんなに幼いうちから、自分の思いをごまかさなくてはならないのは窮屈すぎます。なんとかナースリールームにいる間だけでも、のびのび思ったままに自分を発揮する体験をさせてあげたいと、このところの孝くんを見ていて、強く思っていました。

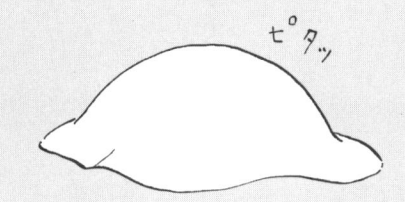

そんな思いがあって、最初のいたずらをわざとけしかけてみたのでした。自分の目の前にある大好きな果物を"ちょっと食べてみたいなあ"と思うことは、2歳児ならばごく自然なことなのです。そしてこのいたずらは、思ったまま行動するとどうなるか、やってみてはじめて気づくことで許される範囲のいたずらです。日頃いたずらをのびのびやっている他の子どもたちは、私が仕掛けたことの意味を感じ取ってにやにやし、それ以上はやろうとしなかったのに（限界をわきまえたのに）、孝くんだけが我慢のたががはずれたかのように本気で全部食べたくなってしまったのです。

心の自由

「はとじゃなくて、ブタさんがぶきゃ～かも」とか、「これ食べちゃおうか？」という言葉は、実は、私の心の中に引っかかっていた、孝くんの心の羽ばたきを邪魔している枠を、取り外してあげたいという思いが言わせたものでした。

ちょっと大げさに言えば、人生はそんなに決まりきったことばかりじゃなくて、意外なことが起こりうるし、自由に感じることは保障されているんだよ…という孝くんへのメッセージが込められていたのですが、私が投げたボールを見事にキャッチした孝くんでした。私の願いと、孝くんの求めていたものがタイミングよく結びついたということなのでしょうか。ずいぶん前のできごとですが今でも忘れられない孝くんの姿です。

あ～こりゃこりゃ

ねぼすけさんには「あ～こりゃこりゃ」作戦

　いつも、お昼寝ねぼすけさん常連のすみかちゃんと公司くん。二人とも夜更かし型なので、なかなか目覚められず、寝起きも悪くておやつがなかなか食べられません。どうすれば気持ちよく目覚められるか…。そこで思いついた「あ～こりゃこりゃ作戦」。寝ている二人のベッドまわりを、手拍子をしながら「あ～こりゃこりゃっと！　こ～んな、じかんになあちゃあった～こりゃこりゃ♪」と民謡のような調子で即興の歌をうたいながら、盆踊りのように踊ってみました。先に起きていた和穂ちゃんがその調子に合わせて、ひょっこひょっこと手足を動かしながら後ろをついて来るから愉快です。

　目覚めてベッドの上でぼんやりしていた浩成くんが私たち二人を見て、踊っている二人よりもよっぽど恥ずかしそうに笑い転げ、ベッドの上に倒れていました。眠っていたはずのすみかちゃんは、いつのまにか目覚めていて上体を起こし、ねぼけまなこながらも、にこにこ笑っています。公司くんはというと、目を閉じたまま眠っているようなのですが、にやりとわらっていて、おもむろに身体を起こしました。その後は、二人ともすっきりした顔で、みんなと一緒におやつとなり、作戦大成功！

ユーモアやおどけで、生活は楽しく！

　実は、私自身も"あと5分"と未練がましく布団にしがみついているタイプで、子どもの頃、よく母に怒鳴られて起きた不快さが記憶に残っています。なので、寝起きの悪い二人の気持ちもわからないではないのです。なんとか心地よい目覚めにしてあげられないか…と思っていました。

　そして、このときとっさに浮かんだのが「あ～こりゃこりゃ作戦」だったのです。このときの二人は、起こされたのではなく目覚めたくなってしまった！　のでしょう。

　ユーモアやおどけは、発想を豊かにし、心も柔らかくするもので、子どもばかりでなく保育者にとっても、大事であると思っています。また、子どもに「どうやってさせるか」を努力するのではなく、「どうしたらやりたくなるか」を工夫することの方が、子どもの気持ちに近づける気がします。

金メダルあげる！

お片づけのお手伝いに感動

　外でたっぷり散歩を楽しみ、お腹をすかせて、みんながいそいそと食卓について食べはじめたのに、千晶ちゃんと翼くんは、棚のおもちゃを全部出してあそびはじめました。
「ごはんを食べてからにしようよ」
と私に促されて、二人が私と一緒にしぶしぶ片づけはじめると、いつも食欲旺盛で黙々と食べ続ける悠太くんが無言でテーブルからやってきて、片づけの手伝いをはじめたのです。

「うわあ～、ありがとう！」と私が感動しながらお礼を言うと、一緒に食べていた裕美子ちゃん、菜々ちゃん、美帆ちゃんまでがやってきて、あっという間にあたりに散乱していたおもちゃが見事に片づいてしまいました。あまりに自然でさりげない子どもたちの思いやりに涙が出ました。「悠ちゃんもみんなもとってもすてき!! お友だち金メダルをあげる！」と、一人ひとりの首に金メダルをかける仕草をすると、みんな得意満面。
　そして悠太くんが一言！
「金メダルってなーに？」
「みんなやさしくってすてきだから、プレゼントってことよ」
「ふ～ん」とにこにこ。

しつけはしてみせることから

　保育の中で、次の行動に移るときにおもちゃを片づけることをどんな形で子どもたちに伝えていくか？　に結構保育者は悩まされます。いちいち片づけをさせていたらあそびたい気持ちに水を差してしまうし、かといってあそんだままにしておいても、おもちゃを大切に扱わなくなるのではと気がかりです。

　そこで、2歳児を担当したこの年、おもちゃが散乱していて困ると感じたときには、「さあて、このままだと火事になって、みんなで逃げるときに足をけがしちゃうから、片づけよおっと」と、率先して片づけるようにしてみたのです。誰があそんだとか誰が出したとか関係なく、「ああ～ここ何とかしないとね。大切なおもちゃが壊れちゃうもんねえ」とつぶやいたりしながら…。

　そんな私の思いを、子どもたちがしっかり感じ取っていてくれたという、手ごたえがあったエピソードでした。そういえば、しっかりものの裕美子ちゃんが保育室が散らかるたびに「なんとかしなくちゃ…ね」といつのまにか私の口癖をまねていて苦笑。子どもたちが、生活の中のルールを身につけていくのは、叱られながらさせられて身につくより、その行為を行っている人を見ていることで身につく方がやっぱり本物だ、と確信できた日でした。

ドラえもんはだれ？

たよりない大人

　2歳児の食事のときに、子どもたちがドラえもんの話をしはじめました。
「先生はすぐにできないよ〜って泣いたり失敗するから、のびたくんなの」
と言うと、
「それじゃあ、しょうくんと同じじゃない」
ととてもうれしそうに笑った省吾くん（2歳9か月）。

　うっかりぽっかりの多い私は、真実を見抜くことが上手な子どもたちの前で、完全な大人は演じ切れないので、支えてあげなければならない大人もいることを知ってもらって…と、子どもたちに甘えています。そうすると、2歳児でも結構本気になって力になってくれようとしたり、励ましてくれたり、急にしっかりした顔つきで真剣に考えてくれるのです。

　たとえば、缶にいっぱい入っていたペンを全部床に落としてばらまいてしまったときなど、
「うわあー！　うえ〜んこぼしちゃったよう」
と、本気で自分の失敗を嘆いていると、
「大丈夫！　みんなでお手伝いするから…」
と言いながら、みんなで集まって拾ってくれたり、頭を撫でてなぐさめてくれたりしました。うれしくって涙が出ました。

　子どもがこんなことをしでかしたら、私たち大人は、こんなに優しく接してあげられるかしら…と反省も。

信頼される幸せ

"子どもは大人が育てる存在"という思いはなんて傲慢なんだろうと気づかされます。

こんなに頼りない私ですが、その食事のときの話の続きで、和穂ちゃん（3歳）が「かっちゃんはしずかちゃん、ゆうきちゃんとひろちゃんと省吾くんはのびたくんね」というので、肝心の主役は？　と不思議に思って「あら？　ドラえもんは??」とたずねたら、「ドラえもんはせんせい！」という答えが返ってきてびっくり。こんなに失敗が多い私でも、ナースリールームではドラえもんにしてもらえるなんて！

「よおーし！　任せといて!!　みんなが本当に困ったとき助けてあげるからね」と、はりきってしまいました。信頼されるということは、なんて幸福なことでしょう。

保育のプロとは？

一人あそびを大事に

　最近の子どもたちが、自分の気持ちをコントロールする力が育っていないことや、人との関係性の育ちに問題があると指摘されることで、集団生活を早くから意識させ、他児との協調や我慢を身につけることを急がされている傾向を強く感じる昨今です。

　しかし、乳幼児期において、一人あそびにじっくり取り組むことを保障することで育つものは、わがままではなく、自己肯定感と思いやり、そして豊かな創造性や集中力です。さらに、保育者が子どもの楽しみを大切に尊重する姿勢をとっていれば、その行為の質は子どもに伝わります。つまり、優しさと思いやりをもって他者に接するという、人とのかかわりの本質を伝えていることになるのです。

保育園生活の最大の長所！

　友だちとのあそびのおもしろさが、自分の新たな体験につながります。あそびの豊かさと広がりを、友だちの存在から得ることができるという体験は、家庭では育ち得ない、豊かな人的環境とあそびの場を保障することができる保育園生活の最大の長所といえるでしょう。そして、他者の魅力に気づき、楽しさを共有することができる環境があれば、お互いへの共感力や思いやりや優しさが自然に育つということでしょう。

思いやりは思いやられることから育つ！

　保育者が、子どもの思いに細やかに心を寄せ、受容していく姿は、子どもへの信頼感や思いやりをそのまま実践してみせている姿です。子どもたちには、そのような保育者の姿勢を、他者に対する姿勢としてしっかりと感じ取る力がそなわっていると思います。またそれを、友だちに対するときに、思いやる力として表現できるのではないかと思います。優しさや思いやりは、優しく思いやられた経験で育つということの証明であり、このような保育環境こそが人との関係性を育む保育環境といえるのだと思います。

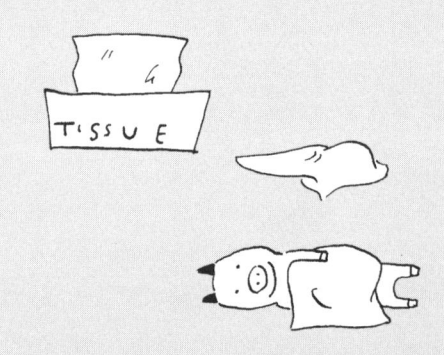

保育者の専門性とは何でしょうか？

　私は、花屋さんがそれぞれの花の特徴や世話の仕方をまちがわないのと同じように、子ども一人ひとりの特徴や、成長していく過程のちがいを認識し、適切なかかわりができることが、保育者の最も重要な専門性であると思います。そのためには、ていねいな一人ひとりへのまなざしが必要になってきます。特に個人差が大きく、子ども自ら訴えることができない乳児期の保育では、その専門性が問われると思うのです。

「保育のサービス化」への危機感

　私が所属するナースリールームは、大学という教育機関に守られてきたために、"子どもにとって望ましい保育とは"ということを中心において、長い間実践を重ねてくることができました。私は、そのことを"特別な場所の恵まれた子どもたちの環境"と片づけたくはありません。

　十分かつきちんとした条件が整わないまま乳児保育が行われはじめている状況下で、保育の質が問われている昨今です。保育者が、保育の楽しさや喜びに心を向ける余裕がもてるはずのない現状がそこにあります。このような環境で、ゆとりのない大人の不用意な言葉を日々全身に浴びている子どもたちに、健全な人との関係性を育むことは到底期待できません。

　その上に、市場原理が保育に持ち込まれ、大人にとって便利で手軽であることをサービスの中心においた保育が求められています。産休明け、子どもを預ける場所が見つからずおろおろした自分のことを思い出すと、何の疑いもなく今の保育サービスに飛びついてしまうだろうと確信できます。だからこそ保育者として、大変な危機感をもっています。

　保育者が、子どもたちの育ちを保障する保育環境の重要性をあらゆる形で社会に訴えなければ、子どもたちを守れないと思うのです。それには保育者が疲れ果てている今の日本の保育体制ではだめなのです。子ども一人ひとりの育とうとする力を信じ、真摯に向かい合い、ていねいにかかわり、共感していくことのできる、ゆとりある保育環境を心から望まずにはいられません。

まとめにかえて
みんなが持ってる宝物

　娘の涼が小学校4年生のときに、9歳離れて弟の啓が生まれました。あるとき、生後2か月の弟の寝顔を見ながら娘がこんなことをつぶやきました。
　涼「ねえ、おかあさん。昨日の啓より今日の啓の方がもう大きくなってるんでしょ？」
　私「そうねえ」
　涼「もったいなかったな！　昨日の啓をもっとよく見ておけばよかった」
そして、
「さようなら。今日の小さい啓ちゃん」
と、キスをして布団に入ったのでした。
　産前産後の睡眠不足で、ボーッとした頭の中に、娘の言葉が静かにしみてきたことを、ほんのちょっと前のことのように思い出します。
　そういえば、ナースリールームに二人目のお子さんを送迎していたお父さんが、
「かわいくて、かわいくて、今の顔を毎日しっかり覚えておこうと思うのに、少し前の写真を見るともう忘れている自分がくやしい」
と言っていて、「素敵だなあ」と感動したことがありました。
　考えてみると、子育て中の人と接したときに、我が子が少しでも早く成長してほしいと望んでいる方と、大きくなるのがもったいないと思っている方とがいることに気づきます。前者はどちらかというと、子育てに悩みがあったり、楽しみを見つけられなかったりする人で、初めての子育てを一生懸命している人に多いように思います。
　反対に子どもが大きくなることをもったいないと思っている人は、子育て経験者や、子育てに対する気負いがない人に多く、その人なりに、自然にあるがままの子育てを楽しめている感じです。

　這えば立て
　立てば歩めのおやごころ

ということわざがありますね。昔から、親というのは我が子に対して欲ばりなものなのでしょうか。
　自分自身を振り返って、このことは、保育者にもいえることではないかと思います。子どもの育ちを急いでいるなあと感じるときには、保育がうまくいってないことが多くあります。
　本来、子どもの育ちは、日常の何気ない一瞬一瞬の積み重ねがつながっていくことの中にあるものなので、即効性は求められないのです。さっきのことを今のことに、今のことをこの後のことに、今日のことを明日のことにというつながりの中に、ゆっくりと確実な形で、その子らしい感性のフィルターを通して、子どもは育まれていきます。大人が先を急いで、子どもたちが大事なものを飛び越しながら頑張って付いてきたとしても、そういう子どもたちはやはり、やり残したところにいつか戻ろうとして大人を驚かせるものです。
　私がこの本をまとめようと思い立ったのは、何気ない日常の中で、うっかり見過ごしてしまいそうな子どもたちの行為の中に、宝物を発見したからです。探す気にさえなれば、その宝物は、子どもの育ちの中のどこにでも見つけることができる、ということを伝えたいと思ったからです。胸がいたむ虐待や子どもたちの犯罪も、親や子どもが、自分の中にある"きらきら輝く宝物"を誰かに見つけてもらい、認めてもらっていたら、少しちがったのでは、と。
　子育てや保育の楽しさ、魅力を伝える役割をこの本が果たせることを願っています。

あとがき

　これまで、幾度となく保育者としての自信をなくし、本気で退職を考えたことさえある私を、「あなたはまちがえていないよ。頑張って」と10年以上も支え励まし続けてくださったのは、村田保太郎先生（元白梅学園短期大学教授・子どもと教育総合研究所所長）でした。村田先生は、2004年5月の研究会の席で、「そろそろ本気でご自分の実践をまとめる時期ですね。今年の年末はあなたの出版記念パーティーにしましょう」と、ぐずぐずしている私の背中をポンと押してくださいました。

　そして偶然にも同じ時期に、研究会や研修会でご指導いただいていた汐見稔幸先生からも、「実践をまとめてみたら？」とお声をかけていただいたのです。「今、保育者がもの申さねば、子どもたちを守ることはできない！」と、現在の保育の在り方に危機感をもっていた私は、偉大な先生お二人の言葉によって、「そうだ！やるだけやってみよう」と、やっとやっと、重い腰を上げることができました。

　なんともはずかしいほどに重い腰でしたが、夏休み中パソコンに向かい、自分が行ってきた保育実践をまとめはじめると、子どもたちのキラキラした表情や言葉が私を励ましてくれ、おもしろくて止まらなくなりました。一気にまとめ上げた原稿を汐見先生にお見せすると、「おもしろいね。ぼくが責任をもって、ていねいに本に仕上げてくれる出版社を探すよ」とその場でおっしゃってくださったのです。そのときには思わず「夢かもしれない…」と自分の耳を疑いましたが、汐見先生がおっしゃったとおり、担当の編集者小林友子さんをはじめ、フレーベル館の皆さまが、私のわがままな要望をていねいに受け止めて、こんなに素敵な本に仕上げてくださいました。

　また、個人情報の保護などで写真の扱いが難しいこの時代に、ナースリールームの子どもたちとその保護者の皆さまは、これだけ多くの写真やエピソードの使用を快く承諾してくださいました。「子どものうれしい成長の記録だから実名にしてください」とまでおっしゃってくださった皆さまの厚い信頼に対して、言葉では表しきれないほど感謝の気持ちでいっぱいです。

　皆さま、本当にありがとうございました。

　本書の出版を通して、自分のあるがままを受け止められることがこんなにも幸せなことであり、これほどの勇気とやる気と生きる力を与えてくれるものなのだということを、身をもって実感できました。この喜びと感謝の気持ちを、"子どもたちの豊かな未来を保障するエネルギー"にかえていこうと心に決めています。

　最後に、ご多忙の中、この本を形にするために多くのご配慮をいただいた上、快く解説を書いてくださった汐見稔幸先生に、重ねてお礼を申し上げます。

2005年4月　　　　　　　　　　　　　井桁　容子

東京家政大学ナースリールーム

昭和42年、東京家政大学内に保育実践と研究を目的として開設。「子ども、ことに乳幼児は自ら人に強く訴えることができない、その代わりにわたくし達大人が子どもの代わりに強く、執拗に、訴えることが、大人に課せられている役割である」という、初代室長山下俊郎氏の理念を受け継ぎ、0歳から3歳までの乳幼児を保育している。

解説

イゲタワールドにようこそ

汐見稔幸　東京大学大学院教育学研究科教授

1.

　ようやく出版された。これが第一印象。
　イゲタワールドをぜひ全国の保育者に伝えたいという思いが以前から私にあった。その実践だけでなく、それを支えている井桁さんの保育についての考え方に、現代の日本の子どもにとってきわめて大切なものが含まれていると私は直感していた。でも、本人が書く気にならないとその内容を伝えようにも伝えようがない。にもかかわらず彼女は書こうとしなかった。
　しかし、この本の叙述スタイルを見て、井桁さんがなぜこれまで書こうとしなかったかがよくわかった。読者もそう感じられたにちがいない。
　彼女の保育思想の根幹には、子どもたちの一挙手一投足にまるで高速カメラを手にしているかのように見入って、そこにその子の人としてのこだわりを発見し、それを人間学的（発達的）に意味づけてかかわる、というものがある。けれども、その思いや実際の過程を実践の文書記録として記述することは、正直至難のわざだ。言葉があまりに多く必要になる。ところが、彼女は、これだ！　という方法を発見した。
　それが子どものいきいきした姿をできるだけリアルにビデオに撮り、コンピュータに移して、その中からこれはという場面を静止画像にしてうまくつないでいくという方法だ。本書の前半部分はそうしてできあがったページだ。レイアウトはすべて井桁さん自身によるものがベースになっている。
　研究会などでの井桁さんの発表スタイルも同じ。いつもビデオを見てもらって、その中で子どもの何を井桁さん自身が発見したかを報告する。それを聞きながら、みんなも議論に参加する。こういうスタイルだ。
　井桁さんにとっては、口酸っぱい説明よりも、子どもの実際の姿の方が雄弁で、その子どもの姿に自分の実践の大部分が反映していると判断しているのだと思う。実際、子どもがどれほどその活動に入れ込んでいるのかは、その表情や細やかな仕草を見ないとわからない。どんなタイプのいい顔をしているのか、どれほど真剣に探索しているのか、他者に開いた感じでいるのか、それとも閉じられたかかわりでいるのか…。こうしたことがらは「一生懸命に取り組んでいました」「仲良くあそんでいました」などという通り一遍の言葉では伝わりようがない。見て、感じて、理解するのだ。
　ビデオを見るというのは、やったことを画像で再現するのとは異なる。実際の保育は、ある場面で切り取った情報しかこないということはない。雑多な情報がすべて届いてしまうからだ。しかしビデオはある場面や子どもだけを切り取ってくれる。そのために、保育をしていたときには見えなかったことがいっぱい見えてくる。それをコンピュータで分析していると、もっと見えてくるものがある。それをやってみると、今度は保育の中での子どもの姿がもっと見えてくる。そういう循環が保育力を高めていくということなのだ。
　その意味で、本書によって、井桁さんは、日本の保育実践の記述と吟味の世界に新しい可能性を提案したことになる。おそらく、同じビデオテープからでも、画像の流れの中からどれを静止画像として選び出すのかは、人によって異なるのではないか。その異なりの中に、それぞれの保育者のこだわりが象徴されるのだと思うと、これはなかなか興味深いことになる。実践発表の共通性と個性、その両面がこの方法の中で出てくる。これはたいへん意義深いことであろう。

ともかく、これからの保育の研究、研修では、ビデオを撮ってきて参加者で見合うこと、それも何度も繰り返し見合うことがもっと重視されていってよい。そして文書で実践を報告するときも、そのビデオ画像を生かして、井桁方式で記述するという人がもっと増えていってよい。本書がその嚆矢となれば、井桁さんも本望ではないかと思う。

2.

　井桁さんの保育は、ともかくまず、子どもをよく観察することから出発する。とくに、あれ！　と思ったような行動を子どもがしたときは、焦って対応しないで、逆になぜだろうと考えて、じっくりした対応をとる。そのことは本書を読んだ読者が共通に理解できたことではないかと思うが、実際の保育場面ではこうしたことは瞬間瞬間に判断しながらしかできない。

　そのとき、保育者の内面に、ある程度こだわったものがないと、その瞬間の判断に一貫性と適切性が生まれない。それはその人の保育思想といってもよいのだが、ともかくその人その人の保育姿勢を支えている何か―あるこだわり―が、それぞれの内面にある。子ども観とか保育観の基礎になるようなものだ。

　井桁さんの場合、それは何かというと、私は、彼女の＜お茶目精神＞とでもいうものではないかと思っている。彼女の目をよく見ると茶色の目をしている。昔から茶色の目をした人とくに女性を「お茶目」といって独特の性格の持ち主だとされてきた。要するにいたずら好きのかわいい人だ。彼女はまちがいなくお茶目なパーソナリティーといえる。

　お茶目な人は、人生が順風満帆で大きな変化もなしに淡々と進むことをあまり歓迎しない。ちょっと寄り道したり、失敗をしたり、いたずらしたり、しかけてみたり、いろんな偶然を大事にする。人生をあまりに計画的にしっかりと作ることをあまり好まないわけだ。目の前にこだわってみたくなるものがあれば、それでも十分人生を楽しめるし、でも、他にこだわりもたくさんもっている。根っ子にどこか楽天性がある。

　と、こう書いてみると、実はこれは子どもの行動

ぶりと似ていることに気がつくのではないか。子どもは人生を計画して行動しているのではない。目の前にあるもので人生を楽しむ名人だ。大人にとっては道具でしかないもので見事にあそびを創造するし、え!? というものにこだわってみたり、失敗するとわかっているのにやって失敗する。何でも何だろうと実験してみたり、気に入るとずっとし続け、気に入らないといくらお膳立てしてもやらなかったり。…子どもというのは多かれ少なかれ、こうした行動をするもので、それが子どもの定義といってもよいかもしれない。いってみれば、子どもは天性のお茶目なのだ。

　かくしてお茶目こそ子どもの精神なのだが、そうだとすると、お茶目なタイプの大人は、子どもと共感することが比較的楽にできるということになるだろう。保育者向きパーソナリティーといえようか。逆に言うと、性格的にお茶目タイプではない他人が井桁さんと同じような感性で保育しようとしてもどこか無理があるということになる。他の人は、その人なりのこだわりの仕方で保育するのが一番よい。

　けれども、お茶目な人がもっている、子どものちょっとしたいたずら心に共感するとか、子どもの失敗をおもしろがるとか、子どもってみんな探索やさんという子ども観を大事にするとかなどの感性は、すべての保育者に共有してほしいものだ。

　よく子どもをよく観察せよといわれる。しかし観察するときに大事なのは観察者のまなざしなのだ。研究者のような冷徹なまなざしで観察しても、そこから保育の新しい展開が生まれるわけではなかろう。観察しながら、子どもの仕草の後ろに彼らのお茶目精神を発見し、そこに共感して、そのお茶目をちょっと援助する。そうした援助のまなざしがないと子どもと保育者がそれ以前よりも共感的な関係の中で生活するようにはならない。

　井桁さんの場合、その援助の基本は「あなたのやっていることはおもしろいわねえー」というまなざしを注ぎ続けるということだった。単純なことだが、これが大事なのだ。

3.

　お茶目な人がすべて保育が上手か、得意か、というと、実はそうではない。子どものことをある意味でよく「わかって」しまい、先を読んでしまうので、干渉しすぎることも多くなる。つい手を出してしまう可能性が大きいのだ。

　子どもを懐深く育てるためには、子どもに共感できるだけでなく、＜子どもに任せる＞という姿勢が大事になる。

　井桁さんの場合、長く保育してきて、子どもが無理なくその子らしく育っていくには、子どもが何かに熱中することがとても大事で、その場面をうまく作ることとそのときに子どもをじっくりと見守ってやることが大事だということを発見してきたのだと思う。その思いは本書のあちこちに出てくる。

　実はこのことは、最近の赤ちゃん学や発達学でも強調されていることだ。子どもは、他のあらゆる動物と比べものにならないほど生まれつき探索要求が強く、自分でなんでもためし、なんでも取り込んでいこうとする存在だということが、最近あらためてわかってきた。育児や保育は、子どものそうした探索心が存分に発揮できる環境をていねいにつくってやることが基本で、発達は、子どもが何かに熱中し、自分で満足するまで続け、やがてそれを卒業して他の活動に移っていくということをくり返すことによってもたらされていくということがよくわかってきたのだ。

　発達には、タテに進んでいくものと、ヨコに進んでいくものがある。このうち大事なのは実はヨコの発達で、それは子どもが何かに熱中し、その活動を持続させ、やがてそれを卒業していくということのくり返しによってもたらされるものである。井桁さんは、現場で、そのことを実感してきた。だから期せずして、発達学の成果と一致する立場を手に入れたのだと思う。そこに彼女のセンスの確かさが感じられるが、いずれにしても、本書が日本の保育に大事な視点を投げかけてくれたことはまちがいない。

　イゲタワールドにようこそ。「でもこれだったら私もできる」。そう感じてあちこちで似た実践がいっぱい生まれることを私は切に期待している。そして私の実践を見てほしいという人たちがたくさん出てくることも。その先に、日本の乳幼児保育の新たな地平が待ち受けているはずだ。

著者紹介

井桁容子（いげた ようこ）

1955年、福島県いわき市に生まれる。1976年、東京家政大学短期大学部保育科を卒業後、東京家政大学家政学部児童学科ナースリールーム勤務。
2002年よりナースリールーム主任保育士。

デザイン　神保米雄（べあ）
イラスト　こやま　こいこ

「ていねいなまなざし」でみる乳幼児保育

2005年5月17日　初版第1刷発行

著者	井桁容子
発行者	北林 衛
発行所	株式会社フレーベル館
	〒113-8611 東京都文京区本駒込6-14-9
	電話　営業03-5395-6613　編集03-5395-6604
	振替　00190-2-19640
印刷所	凸版印刷株式会社

Ⓒ　Y.Igeta
ISBN4-577-81168-5

＊落丁・乱丁本はお取り替えいたします。

フレーベル館のホームページ
http://www.froebel-kan.co.jp